छत्रपति शिवाजी
विधाता हिंदवी स्वराज्य का

छत्रपति शिवाजी

विधाता हिंदवी स्वराज्य का

श्रीनिवास कुटुंबले

प्रतिभा प्रतिष्ठान, नई दिल्ली

प्रकाशक : प्रतिभा प्रतिष्ठान,
694–बी (निकट अजय मार्केट), चावड़ी बाजार, दिल्ली–110006
 / संस्करण : 2026 / मूल्य : तीन सौ रुपए
मुद्रक : आर–टेक ऑफसेट प्रिंटर्स, दिल्ली ISBN 978-93-86001-21-4

CHHATRAPATI SHIVAJI : VIDHATA HINDVI SWARAJYA KA
by Shrinivas Kutumbale ₹ 300.00
Published by **PRATIBHA PRATISHTHAN**
694-B (Near Ajay Market), Chawri Bazar, Delhi-110006

अध्यक्ष, लोक सभा
SPEAKER LOK SABHA

प्रिय श्रीनिवास कुटुंबले जी,

सप्रेम नमस्कार!

'छत्रपति शिवाजी : विधाता हिंदवी स्वराज्य का' शीर्षक से छत्रपति शिवाजी महाराज के जीवन के प्रेरक प्रसंगों पर आधारित यशगाथा, गीत एवं कविता के रूप में पढ़कर मन को प्रसन्नता हुई। इन रचनाओं में सही मायने में दिल से काव्य प्रस्फुटित हुआ है। आपके द्वारा लिखित इन गीतों एवं कविताओं में जीवन-प्रसंग के महत्त्वपूर्ण भावों का प्रकटीकरण हुआ है; यथा—'पुत्रजन्म ही नहीं पूर्णता, राजधर्म में दृढ थी निष्ठा', केवल शाहजीराजे और जिजाऊ ही नहीं, सभी पति-पत्नी में गृहस्थ धर्म के लिए 'गृहस्थ धर्म में दृढ निष्ठा' होनी चाहिए। आपकी सभी कविताओं में अलग विशिष्टता नजर आती है। राँझे पाटील के प्रसंग पर कविता हो या स्वराज्य स्थापना के यश का पोवाडा, वीरता यशगान का उत्तम माध्यम है। आपकी रचना में वह भावना भी प्रकट होती है।

शिवाजी महाराज के चरित्र को जाननेवालों के मन में यह भाव होता है कि शिवाजी महाराज को देवी का आशीर्वाद था, सभी के मन की यह भावना अफजल खान वध घटना की कविता में व्यक्त की गई है। शाहिस्ता खान कविता में राजा के (या नेता के) यश का मंत्र नजर आता

है तो शाहजी राजा के निधन पर सती होने के लिए तत्पर माता जीजाबाई की मनुहार जिस तरह शिवाजी करते हैं, यह वर्णन दिल को छू जाता है।

मिर्जा राजा जयसिंह का मन परिवर्तन करने के लिए शिवाजी किस तरह प्रयास करते हैं और अंत में उनके सम्मुख शरणगति स्वीकार करने के उपरांत हतोत्साहित एवं निराश शिवाजीराजा को माता जीजाबाई नसीहत देती हैं। इस प्रसंग में आपने जो उदाहरण दिए हैं, वे अतुलनीय हैं। विशेष खासियत माने आगरा से पलायन, इस कविता में एक भयभीत सैनिक के मुख से जो शब्द निकलते हैं, उनमें कविता का श्रेष्ठ आशय दृष्टिगत होता है। सिंहगढ़ में शिवाजी के बालसखा तानाजी की शहादत, छत्रपति शिवाजी के राज्याभिषेक प्रसंग में किया गया संपूर्ण वर्णन मन को उत्साहित कर जाता है।

'छत्रपति शिवाजी : विधाता हिंदवी स्वराज्य का' के इंदौर में कार्यक्रम हुए हैं। इसी प्रकार हिंदुस्तान में जगह-जगह यह आयोजन हो। प्रसिद्ध इतिहासकार श्री बाबासाहेब पुरंदरे द्वारा दिया हुआ अभिप्राय पढ़कर लगा कि आपकी माताजी के दिए हुए संस्कार और गुणों की गठरी लेकर आप आगे बढ़ रहे हैं। स्वराज्य, शिवबा का पराक्रम सबको प्रेरणा दे, यही शुभकामना।

(सुमित्रा महाजन)

बोल ये शौर्य के…

विख्यात हिंदी कवि मैथिलीशरण गुप्त ने श्रीराम चरित्र के बारे में अत्यंत सुंदर विधान किया है। उन्होंने कहा है, 'राम तेरा चरित स्वयं ही काव्य है, कोई कवि बन जाए तो सहज संभाव्य है।' यह सत्य शिवाजी महाराज के चरित्र के लिए भी लागू है। शिव छत्रपति का जीवन-चरित्र और कार्य-कर्तव्य असाधारण ही थे। उनके जीवन-चरित्र में महाकाव्य, महागाथा और अलौकिक महाभारत समाया हुआ है। विगत पचास वर्षों में शिवचरित्र विषय पर जितना भी गद्य और पद्य लिखा गया है, उतना शायद ही अन्य किसी विषय पर होगा। मैं इसे सुचिह्न और शुभशकुन मानता हूँ। वास्तव में यदि शिवचरित्र हमारे अध्ययन, लेखन और गायन में आ जाए तो हम एक शक्तिशाली राष्ट्र बन सकते हैं।

श्री श्रीनिवास कुटुंबले ने माँ नर्मदा के पावन प्रदेश में शिवकाव्य लिखकर श्री महाकालेश्वर को तथा श्री ओंकारेश्वर को बिल्वांजलि और अर्घ्य अर्पण किया है। श्री श्रीनिवास कुटुंबले के 'छत्रपति शिवाजी :

विधाता हिंदवी स्वराज्य का' काव्य-संग्रह की प्रमुख विशेषता जो मेरे ध्यान में आई, वह है उनका अत्यंत सरल रचना कौशल्य। इतनी सरल भाषा में उन्होंने ये रचनाएँ लिखी हैं कि श्रोताओं को आसानी से समझ में आएँगी और उनके मुख में विराजमान हो जाएँगी।

'छत्रपति शिवाजी : विधाता हिंदवी स्वराज्य का' श्रीनिवास ने जो प्रसंग लिये हैं, उनमें शिवाजी जन्म, शहाजीराजे द्वारा विदाई, रोहिड़ेश्वर शपथ, राँझे पाटील, स्वराज्य स्थापना, बाजीप्रभु देशपांडे, अफजल खान वध, शाहिस्ताखान पराभव, जीजामाता की मनुहार, सिंधुदुर्ग, मिर्जा राजा जयसिंह से मुलाकात, शिवराया को जीजामाता की नसीहत, आगरा से पलायन, सिंहगढ़, छत्रपति राज्याभिषेक तथा दक्षिण विजय का समावेश है। इन सभी शिवगीतों में एक सुसंगति है तथा ये साधार हैं। सरल भाषा के इन गीतों से झरनेवाला संस्कार श्रीनिवासजी ने पाठकों के मन पर किया है।

'छत्रपति शिवाजी : विधाता हिंदवी स्वराज्य का' की प्रस्तुति को प्रेक्षकों ने खूब सराहा, यह सुनकर मुझे अत्यंत प्रसन्नता हुई।

कुटुंबलेजी की रचनाएँ सरल, मधुर तथा अर्थपूर्ण तो हैं ही, साथ ही वह इतिहास से सुसंगत तथा साधार हैं। इन गीतों की संख्या में और बढ़ोतरी हो तथा अन्य और प्रसंगों का इसमें समावेश हो एवं शिव छत्रपति की संपूर्ण जीवनगाथा जन सामान्य तक पहुँचे, ऐसा मुझे लगता है, बल्कि यह मेरा आग्रह है।

माँ सरस्वती इन्हें और अधिक प्रतिभा तथा प्रेरणा देगी, ऐसी मेरी श्रद्धा है। और अधिक क्या लिखूँ? राजते लेखनाविधि

—बाबा साहेब पुरंदरे

1 जनवरी, 2016

पुणे

मनोगत

नमस्कार!

मैं अपने आपको अत्यंत सौभाग्यशाली मानता हूँ कि युग-प्रवर्तक छत्रपति शिवाजी महाराज के देदीप्यमान जीवन-चरित पर आधारित काव्य रचना 'छत्रपति शिवाज़ी : विधाता हिंदवी स्वराज्य का' लिखने का सौभाग्य मुझे मिला। इस रचना में शिवाजी महाराज के जीवन के सत्रह प्रसंगों का समावेश है, जिनका संक्षिप्त वर्णन भी दिया गया है। सभी प्रसंग पाठकों तक सही-सही पहुँचे, इस उद्देश्य से काव्य को भावनात्मक न रखकर भाषा को सरल और वर्णनात्मक रखा गया है। हर प्रसंग के अनुरूप रेखाचित्र भी बनाए गए, जिसकी प्रेरणा शिव-शाहिर बाबा साहब पुरंदरे के शिव छत्रपति ग्रंथ से ली गई है।

छत्रपति शिवाजी महाराज का जीवन अलौकिक है। उसमें अदम्य साहस और नेतृत्व के विरले गुण अभिव्यक्त होते हैं। वर्तमान समय में यह महान् व्यक्तित्व और भी सामयिक हो चला है। शिवाजी के स्वराज्य की संकल्पना के मूल तत्त्व यदि आज लागू किए जाएँ तो भारत निस्संदेह विश्व के सर्वोच्च शिखर पर पहुँच सकता है।

'छत्रपति शिवाजी : विधाता हिंदवी स्वराज्य का' लिखने का मुख्य उद्देश्य महान् शिवाजी के जीवन-मूल्यों को युवा पीढ़ी से परिचित करवाना और वरिष्ठजनों के लिए उस स्वर्णिम कालखंड की स्मृति ताजा करना है। प्रसिद्ध इतिहासकार शिव-शाहिर बाबा साहब पुरंदरे ने जिन प्रेरक और प्रशंसात्मक शब्दों मे इस पुस्तक के लिए प्रस्तावना लिखी है, वह मेरे जीवन की अनमोल उपलब्धि है। मैं बाबा साहब को आभार क्या दूँ, उन्हें शत-शत वंदन करता हूँ। लोकसभा अध्यक्ष एवं भारतीय संस्कृति की गूढ ज्ञाता विदुषी सुमित्रा महाजनजी ने अपनी व्यस्त दिनचर्या में से समय निकालकर जो प्रेरणादायी एवं सुंदर संदेश दिया है, उसके लिए मैं उनका कोटि-कोटि आभार प्रकट करता हूँ।

पाठकों की जानकारी के लिए बता दूँ कि इस रचना में कुछ मूल शब्द फारसी/ अरबी से सीधे मराठी में आए हैं, जो हिंदी में प्रचलित नहीं हैं (जैसे—रयत : जनता, शिरस्ता : आचरण, व्यवहार पद्धति, बटिक : ग़ुलाम, दासी) इन शब्दों की मूल ध्वनि को यथावत् रखने के लिए उन्हें जस का तस लिया गया है, जिससे जिस माटी में यह इतिहास घटा है, उसकी महक कायम रहे। पुणे के आसपास का क्षेत्र मावलखोरा कहलाता है तथा यहाँ के रहवासी मावले, इन्हें इसी रूप में लिया है। कुछ शब्द उस कालखंड की स्थानीय भाषा के हैं (जैसे—खंडणी : कर, लगान, लगीन : विवाह, लगन, मुलुख : मुल्क, आरमार : नौदल)।

इस रचना को मूर्तरूप देने में अनेक स्नेहियों का मार्गदर्शन और सहयोग मिला, उन सभी का मैं विनम्र आभारी हूँ। वरिष्ठ कवि श्री चंद्रसेन विराट, कविवर प्रो. सरोज कुमार, संस्कृतिकर्मी श्री संजय पटेल, साहित्यकार श्रीमती ज्योति जैन, श्री अतुल लागू, श्री हिमांशु ढवलीकर, पत्रकार सुश्री ज्योत्स्ना भोंडवे, श्री सुभाष खानवलकर, श्री अरविंद तथा श्रीमती संध्या केतकर, श्रीमती हेमलता मावलकर, सभी के प्रति आत्मीय

साधुवाद प्रकट करता हूँ। चित्रकार श्रीमती स्वाति द्रविड़ ने जीजामाता के प्रसंगों के अनुरूप जो रेखाचित्र बनाए, मैं उनका भी आभारी हूँ।

मेरी पत्नी श्रीमती शोभा, पुत्री मेघना, पुत्र आशुतोष तथा पुत्रवधू आकांक्षा ने इस कार्य में निरंतर सहयोग तथा उचित मार्गदर्शन दिया उसके लिए मैं स्नेहपूर्वक स्वीकृति देता हूँ।

छत्रपति शिवाजी महाराज के राज्याभिषेक की 342वीं जयंती के पावन पर्व पर 'छत्रपति शिवाजी : विधाता हिंदवी स्वराज्य का' पुस्तक समर्पित करते हुए मैं अत्यंत हर्षित हूँ।

विश्वास है, छत्रपति शिवाजी महाराज के जीवन मूल्य हम सभी के लिए प्रेरणादायी होंगे।

—श्रीनिवास कुटुंबले

मोबाइल : 98931-55045

इ-मेल : sskutumbale@gmail.com

विषय सूची

शिवाजी का जन्म

19 फरवरी, 1630

प्राचीन भारत के इतिहास में जितने भी हिंदू राजा हुए, उन में जो महान् व्यक्तित्व प्रभु रामचंद्र के, भगवान् श्रीकृष्ण के चरित्र से प्रेरित रहा है तथा जिनके पराक्रम के कारण हिंदू राष्ट्र, हिंदू धर्म तथा हिंदू संस्कृति जीवित और अविनाशी रही, ऐसे छत्रपति शिवाजी का जीवन चरित्र अद्‍भुत व अलौकिक है। जिस कालखंड में स्वराज्य, स्वधर्म तथा स्वतंत्रता जैसे शब्दों का उच्चारण करना भी असंभव था, उस कालखंड में शिवाजी ने अपने पराक्रम और कर्तव्यनिष्ठा से जो राज्य स्थापित किया, उसके परिणामस्वरूप इतिहास में शिवाजी राजा एक महान् शासक के रूप में यशस्वी एवं आदरणीय कहलाए।

यदा यदा हि धर्मस्य ग्लानिर्भवति भारत,
अभ्युत्थानम अधर्मस्य तदात्मानं सृजाम्यहम् ॥
परित्राणाय साधुनां विनाशाय च दुष्कृताम्,
धर्मसंस्थापनार्थाय सम्भवामि युगे युगे ॥

भगवान् श्रीकृष्ण द्वारा कहे गए वचनों के अनुसार संभवतः

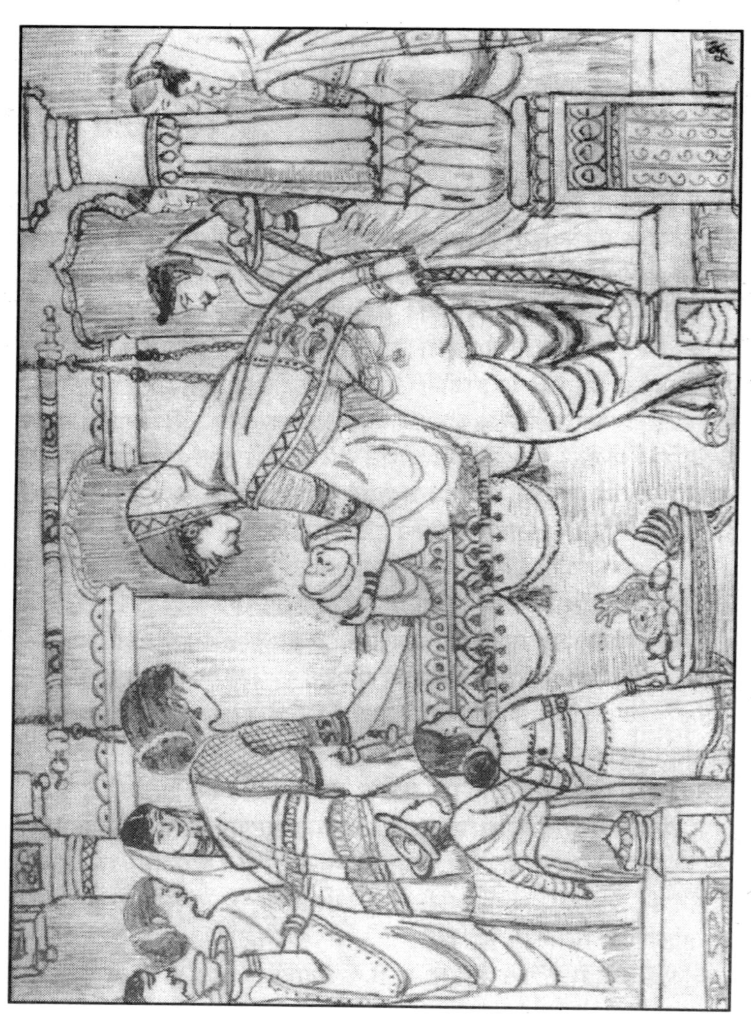

कलियुग में यह ईश्वर का अवतार ही था। शिवाजी के जीवन के प्रत्येक प्रसंग में प्रगट हुई दूरदर्शिता एवं प्रत्येक प्रसंग में दर्शाई हुई सावधानियाँ और उनमें दिखनेवाला उनका रूप देखकर मन अभिभूत हो जाता है, इतना चरित्र-संपन्न दूरदृष्टा और विविधतापूर्ण व्यक्तित्व का धनी, ऐसा व्यक्ति इतिहास में निश्चित ही बिरला है।

शिवाजी महाराज के जीवनकाल में अनेक प्रसंगों में प्रकट हुई उनकी दूरदृष्टि, उस वक्त बनाई गई योजना तथा योजना बनाते समय दिखाई गई सावधानियाँ, योजना को साकार करने के लिए उचित व्यक्तियों का चयन तथा हमेशा आगे आकर नेतृत्व करना—यह सब देखकर मन अचंभित हो जाता है। इतना अष्टपैलू अष्टावधानी संपूर्ण पुरुष बिरला ही होता है। राज्यकर्ता, महान् नायक, वीर सेनानी, प्रजादक्ष, धर्माभिमानी, परधर्मसहिष्णु, चारित्र्यसंपन्न, दूरदृष्टि वाला ऐसा राजा विश्व के इतिहास में मिलना कठिन है।

पुर्तगाली इतिहासकार कास्मो डि गार्डा के विचार में, "शिवाजी अलेक्जेंडर दी ग्रेट व जूलियस सीजर से भी श्रेष्ठ शासक था।"

राज्य स्थापना करते समय प्रजा के समस्त कल्याण की जवाबदारी सिर्फ राजा की होती है। यह वे भली-भाँति जानते थे, इसीलिए अनेकों युद्ध लड़ने के बाद भी उन्होंने प्रजा पर नए कर कभी भी नहीं थोपे। प्रजा का सभी प्रकार से कल्याण करने के लिए सदैव तत्पर शिवाजी महाराज का रूप उनके जीवन इतिहास के अनेक प्रसंगों में दिखता है। उनकी इसी भूमिका के कारण प्रजा उन्हें देवतुल्य मानती थीं।।

नए गाँव स्थापित करना, जागीरदारी प्रथा बंद करना, गढ़ों को सुरक्षित करना तथा वहाँ पूरे रसद का भंडार करना, खेती के लिए उन्नत बीज तथा औजारों की व्यवस्था करना, किसानों को ऋण सुविधा उपलब्ध कराना, भाषा सुधार के लिए राज्य व्यवहार कोष, पंचांग सुधार

के लिए करणकौस्तुभ, धर्म सुधार के लिए प्रायश्चित्त देकर हिंदूधर्म में वापसी करना, नए किलों का निर्माण करना, सैनिकों को प्रशिक्षण व युद्ध में हताहत सैनिकों के परिवार को उचित मुआवजा, वीरों का सम्मान, पंडितों का सम्मान, ऐसी अनेक बातों पर सदैव ध्यान देनेवाले शिवाजी महाराज इतिहास के अनेक प्रसंगों में दृष्टिगोचर होते हैं। और इसी कारण प्रजा उन्हें सिर्फ राजा के रूप में न देखते हुए देवतुल्य व प्राणों से प्रिय मानती थी।

धर्म एवं भगवान् में आस्था रखनेवाले शिवाजी महाराज मानते थे कि 'स्वराज्य' की स्थापना हो, यह तो 'श्री' की इच्छा से ही संभव है।

उनकी महानता को देखते हुए आज के मैनेजमेंट के विद्यार्थियों के लिए शिवाजी महाराज, यह अभ्यास का एक अनूठा एवं सर्वोत्तम विषय है।

जरा देखें—

Perfection of Planning,
Perfection of Management,
Perfection of Detailing,
Perfection of Staffing
Perfection of Implementation,
Perfection of SWOT Analysis,
Perfection of Information and Data Collection,
Perfection of Human Motivation.

किन-किन विधाओं की सूची बताएँ, आप खुद ही जाँच कर देख लें।

वैसे देखा जाए तो उस काल में शिवाजी महाराज का तत्कालीन राज्य महाराष्ट्र के आज के छह जिलों के बराबर ही था। अखंडित हिंदुस्तान का आकार देखें तो यह लगभग नगण्य सा ही है, फिर इसका इतना महत्त्व क्यों है? पर जब ध्यान में आता है कि मुसलिम आक्रमण के

पाँच सौ वर्षों के कालखंड में सिर्फ शिवाजी नामक राजा ने अपने साथियों को एकत्रत कर मुसलिम आक्रांताओं का सामना किया तथा अपने प्रजाजनों में एक अपूर्व विश्वास और स्वाभिमान जाग्रत् किया।

जब मुगल सम्राट् औरंगजेब के ध्यान में यह बात आई कि अगर यह भावना हिंदुस्तान के अन्य भागों में फैली और हिंदू प्रजा एकत्रत होने लगे तो मुसलिम राज्य समाप्त होने में देर नहीं लगेगी। इसी कारण औरंगजेब ने अपनी सारी शक्ति शिवाजी को खत्म करने में लगा दी। अपनी जिंदगी के आखिरी छब्बीस साल सम्राट् महाराष्ट्र में ही डटा रहा और अंत में यहीं उसकी मौत भी हुई। यहीं से शिवाजी की प्रजा में जाग्रत् स्वाभिमान की भावना का महत्त्व ध्यान में आया।

शिवाजी के जन्मपूर्व भारत की परिस्थिति देखें तो मोहम्मद गजनी ई.स. 1008, मोहम्मद गौरी ई.स. 1178, मोहम्मद खिलजी ई.स. 1292 और बाद में मोहम्मद तुगलक के आक्रमणों से उत्तर भारत में मुसलिम राज्यों की स्थापना हो चुकी थी। आगे चलकर मुगल वंश का आक्रमणकर्ता बाबर ई.स. 1526 में भारत आया और मुगल साम्राज्य की स्थापना हुई।

दक्षिण भारत तथा महाराष्ट्र में प्रथम मुसलिम आक्रमण अलाउद्दीन खिलजी के द्वारा किया गया। मात्र आठ हजार की फौज लेकर आए अलाउद्दीन खिलजी का तत्कालीन राजे सामना नहीं कर सके और दक्षिण भारत तथा महाराष्ट्र में मुसलिम राज्य की स्थापना हुई। तत्पश्चात् मोहम्मद तुगलक, जिसे पागल तुगलक के नाम से जाना गया, ने अपनी राजधानी देवगिरी/दौलताबाद में स्थापित करने का प्रयास किया। किंतु जब तुगलक ने राजधानी वापस दिल्ली को स्थानांतरित की, तब उसके सरदारों ने अपने-अपने प्रभाव क्षेत्र में अपना स्वयं का राज्य स्थापित कर लिया, जिनमें—

गुलबर्गा	–	बहमनी
बीदर	–	बेरीदशाही
वराड़	–	इमादशाही
बीजापूर	–	आदिलशाही
खानदेश	–	फरूकी सुलतान
अहमदनगर	–	निजामशाही

आदि राज्यों का समावेश है। इन सभी में आदिलशाही और निजामशाही काफी लंबे समय तक चली।

वैसे देखा जाए तो इस राजकाज में मुसलिम मुट्ठी भर थे, पर उनको सहयोग करनेवाले हमारे ही भाई बंधु थे। जागीरदारी के छोटे से टुकड़े के लिए ये मुसलिम राजकर्ताओं के ग़ुलाम हो गए थे और आपसी दुश्मनी भी पालते थे। जाधव तथा भोंसले परिवार में एक छोटे से विवाद के कारण दुश्मनी हो गई। दुश्मनी भी इतनी कि जीजाबाई के पिता लखुजी राव जाधव अपने जँवाई शहाजी राजा के खून के प्यासे हो गए। शिवाजी के जन्म के पूर्व, तब जीजाबाई गर्भवती थीं, पति–पत्नी अपने प्राणों की रक्षा के लिए दर–दर की ठोकरें खाते, एक गाँव से दूसरे गाँव भाग रहे थे। लखुजीराव ने जीजाबाई से कहा कि भोंसले का घर छोड़कर वह मायके वापस आ जाए। जीजाबाई का जवाब था कि भोंसले कुल ही मेरा घर है, मेरा सर्वस्व है, इसे छोड़कर मैं कहीं नहीं जाऊँगी। आखिर शहाजीराजा के समधी विश्वासराव की मध्यस्थता से जैसे–तैसे प्रकरण समाप्त हुआ और जीजाबाई शिवनेरी किले पर सुस्ताईं। सब तरफ इसी तरह की मार–काट मची हुई थी।

इन्हीं लखुजी राव जाधव की, जो निजामशाही में सरदार थे, उसी निजाम के भरे दरबार में उनके चारों पुत्रों के साथ गरदन धड़ से अलग कर दी गईं। जीजाबाई के सर से पिता की छाया उठ गई, वे शोकाकुल हो

उठीं। पूरे महाराष्ट्र में दो साल से अकाल पड़ा हुआ था, सारी प्रजा दाना-पानी के लिए त्राहि-त्राहि कर रही थी।

और इसी समय शालिवाहन शके 1551,फाल्गुन वदी तृतीया को संध्या वेला में जीजामाता प्रसूत होकर उन्हें पुत्र रत्न की प्राप्ति हुई। यानी अंग्रेजी कालदर्शक के अनुसार शुक्रवार 19 फरवरी, 1630। ज्योतिषी ने भविष्यवाणी की, कि यह बालक अत्यंत पराक्रमी योद्धा तथा चक्रवर्ती राजा होगा। माता जीजाबाई का मन हर्ष से भर गया।

शिवनेरी में जन्म होने एवं शिवनेरी की कुलदेवी शिवाई तथा शिव का अवतार मानते हुए बालक का नाम 'शिवाजी' रखा गया।

❑

शिवाजी का जन्म

अंश शिव का धरती पर आया
जिजाई कोख ने शाहजी पुत्र पाया
शिवनेरी की शान वो हुआ
बाल शिवा का जन्म हुआ।

माता जिजाई पति सहचारिणी
पति संग ही रहने की ठानी,
तृप्त थी, वो बनकर जननी
नारी थी, पर नहीं थी अबला,
बाल शिवा का...

पिता शाहजी वीर मराठा
यवनों के संग सदैव लड़ता,
स्वजनों का भी बैर झेलता
जन्मोत्सव भी मना न पाया,
बाल शिवा का...

पुत्र जन्म ही नहीं पूर्णता
राजधर्म में दृढ थी निष्ठा,
प्रजाजनों की दीन अवस्था
किरण आस की बनकर आया,
बाल शिवा का…

मन में धारे सुराज कामना
अधर्म की वो करे भर्त्सना,
कथा सुनाए बाल शिवा को
संगठित तुम प्रजा को करना,
बाल शिवा का…

माता भवानी सदा साथ हो
राज्य हिंदवी सब जन का हो,
प्रजा के लिए तुम पालक हो
यही प्रमुख हो लक्ष्य तुम्हारा,
बाल शिवा का…

❑

शहाजी राजा द्वारा विदाई

जीजाबाई और बाल शिवा की पुणे रवानगी सन् 1636

शहाजी के पिता मालोजीराजा भोंसले निजाम के दरबार में सामंत थे तथा उन्हें ऊँचा स्थान प्राप्त था। मालोजी राजा को अनेक वर्षों तक संतान प्राप्ति नहीं हुई थी, तब उन्होंने शाह शरीफ की दरगाह पर मन्नत मानी, उसके पश्चात् उन्हें एक के बाद एक दो पुत्र प्राप्त हुए, मन्नत का सम्मान करते हुए बड़े पुत्र का नाम शहाजी तथा छोटे पुत्र का नाम शरीफजी रखा। शहाजी का जन्म ई.स. 1602 में हुआ। सन् 1607 में इंदापुर के युद्ध में मालोजी मारे गए। शहाजी की माता उमाबाई सुशील, सुविद्य, अनुशासनप्रिय तथा धार्मिक वृत्ति की कर्तृत्ववान स्त्री थीं। उन्होंने अपने पुत्रों की शिक्षा-दीक्षा का समुचित प्रबंध किया।

युवावस्था में ही शहाजी की वीरता की कीर्ति सर्वत्र फैलने लगी। निजामशाह ने पिता का पद और अधिकार शाहजी को सौंपा। युद्धकला में निपुण, कुशल महातेजस्वी तथा दानदयाशील शहाजी को देखकर लखुजी जाधव, जो निजाम के दरबार में वरिष्ठ सरदार थे, अत्यंत प्रसन्न हुए और अपनी पुत्री जीजाबाई का विवाह शहाजी से करा दिया।

जीजाबाई कुलशील, सुविद्य तथा तेजस्वी महिला थीं। उन्होंने भोंसले कुल की शोभा बढ़ाई।

उन दिनों निजामशाही, आदिलशाही और मुगल इन तीनों में खूब लड़ाइयाँ हुआ करती थीं तथा कथित एक-दूसरे के प्रदेशों में घुसकर वे लूटपाट मचाते और खून बहाते थे। प्रजा के दुःख की वे कोई भी चिंता नहीं करते थे। इन लड़ाइयों में अकसर दोनों तरफ से अधिकांश हिंदू सैनिक ही आमने-सामने हुआ करते थे। चाहे निजाम की सेना विजयी हो या आदिलशाह की सेना विजयी हो। मारे जानेवाले अधिकांश हिंदू ही होते थे। इन सब बातों से शहाजी राजा मन-ही-मन दुःखी थे। शहाजी ने अपने साथियों के सम्मुख अपने हृदय के धधकते विचार प्रकट किए, परंतु न कोई साथीदार मिला और न ही कोई हल निकला।

ऐसे समय में उनकी पत्नी जीजाबाई उनका ढाढ़स बँधाती और कहतीं, ''आप निराश न होइए। इस महाविकट परिस्थिति में से भी कोई रास्ता अवश्य निकलेगा। आपकी इच्छा तीव्र है और पवित्र है तो वह निश्चित सफल होगी। हो सकता है हम केवल नींव के पत्थर बनेंगे और इमारत अन्य कोई खड़ी करेगा। इतना विश्वास दिलाती हूँ कि आपका ध्येय पूर्ण करने हेतु मैं अपना सबकुछ न्योछावर कर दूँगी।''

शिवाजी राजा के पिता शहाजी राजा स्वयं एक वीर एवं साहसी व्यक्ति थे। वे संस्कृत के गूढ ज्ञाता थे। शहाजी राजा के मन में यवनों के राज के प्रति अत्यंत क्रोध था, उन्होंने भी इस राज के खात्मे के लिए काफी प्रयास किए थे। बाल शिवाजी के स्वभाव में उन्होंने एक विशिष्ट झलक देखी। साथ ही उन्हें माता जीजाबाई के कृतित्व पर भी पूरा विश्वास था। उस समय की परिस्थितियों को देखते हुए एक राजनैतिक दाँव के रूप में उन्होंने शिवाजी को स्वतंत्र रूप से विकसित करने का निर्णय लिया। उन्होंने स्वयं को मिली हुई पुणे सूबे की जागीरदारी का

मुखत्यार शिवाजी को बनाया। स्वयं के दरबार के श्रेष्ठ, वीर और विद्वान् दादाजी कोंडदेव को व्यवस्थापक के रूप में शिवाजी के साथ भेजा और स्वतंत्र राज्य की स्थापना करने की सलाह दी। साथ ही अपने दरबार के निष्णात एवं अनुभवी व्यक्तियों को भी साथ में भेजा।

शहाजी राजा ने समय-समय पर शिवाजी को उचित मार्गदर्शन देने के साथ, साथियों को जोड़ने, किलों का कैसे ध्यान रखना और फौज में घुड़सवार सैनिकों की क्या अहमियत होती है, ये सभी बातें भी सिखाईं। उन्होंने शिवाजी राजा की राजमुद्रा भी बनवाई, जिस पर लिखा गया—

प्रतिपच्चन्द्रलेखेव वर्धिष्णुर्विश्ववन्दिता,
शाहसूनोः शिवस्यैषा मुद्रा भद्राय राजते।

अर्थात, प्रतिपदा के चंद्रमा की कोर के समान बढ़ती जानेवाली, संपूर्ण विश्व द्वारा वंदित शहाजी पुत्र शिवाजी की ये राजमुद्रा लोक कल्याण के लिए सुशोभित है।

जीजामाता तथा शिवाजी राजा को विदाई देते समय शहाजी राजे जीजामाता से कहते हैं।

❑

शहाजी राजा द्वारा विदाई

संभव जो नहीं हुआ हमसे
शायद संभव हो शिवबा से,
जुल्म यवनों का और न सहना,
स्वराज्य अब है स्थापित करना।

हो न सकेगा हमारे दर पर,
प्रयत्न करो तुम अपने दम पर,
शिवराया को साथ में रखना
उचित शिक्षा का प्रबंध करना,
स्वराज्य अब है···

पाँव पूत के दिखे पालने में
झलक दिखी शिवबा के गुण में,
जगी आस हमारे मन में
शिवरूप नव राजा है आना,
स्वराज्य अब है···

नहीं जिजा तुम अन्य स्त्रियों सम
तेज और बुद्धि का संगम,
इन्हीं गुणों के कायल हैं हम
इसीलिए ये विचार करना,
स्वराज्य अब है···

समझते हैं हम विरह वेदना
आपका भी है यही मानना,
यश ना मिले त्याग के बिना
इस पीड़ा को अब है सहना,
स्वराज्य अब है···

लोग कहेंगे आप को त्यागा
पुत्र के संग पुणे भेजा,
इन बातों पर गौर न करना
ध्येय स्वराज्य का ही रखना,
स्वराज्य अब है···

प्रभु राम ने छोड़ा अयोध्या को
श्रीकृष्ण ने त्यागा मथुरा को,
राज सुख नहीं सीता को
इतिहास का भी यही कहना,
स्वराज्य अब है···

साथ देता हूँ सुजान जनों को
प्राण निछावर भी कर दें जो,
साथ हमें भी सदा समझाना
हाथ आपके यश को आना,
स्वराज्य अब है···

न्याय नीति से कार्य करना
सभी मावले साथ जोड़ना,
स्वराज्य हिंदवी स्थापित करना
भवानी माँ से यही माँगना,
स्वराज्य अब है···

❑

राँझे पाटील

28 जनवरी, 1645

माता जीजाबाई तथा दादाजी कोंडदेव के मार्गदर्शन में शिवाजी आगे बढ़ रहे थे। रामायण तथा गीता के प्रसंग, नीतिमत्ता की बातें, राणा प्रताप का शौर्य, रानी पद्मिनी का अग्नि प्रवेश, ऐसे ऐतिहासिक प्रसंग सुन रहे थे। शस्त्र संचालन, घुड़सवारी, लोकसंग्रह जैसी बातें सीख रहे थे। मुसलिम आक्रमणकर्ताओं द्वारा हिंदुस्तान पर कितना अत्याचार किया, स्त्रियाँ कितनी असुरक्षित थीं, ये सब जान रहे थे। वे यह जानकर अत्यंत क्रोधित हुए कि शहाजी राजा के भाई खेलोजी राजा की पत्नी गोदावरी को महाबतखान उठाकर ले गया था और उसकी निर्मम हत्या कर दी। बाद में उसका मृतदेह ही मिल पाया और मराठे कुछ भी नहीं कर पाए। इन सब बातों के कारण शिवराया को मनस्वी क्रोध आता था। शिवाजी यह जानकर भी दु:खी थे कि कैसे हमारे अपने लोग एकत्र होने के बजाय एक–दूसरे के विरुद्ध कुचक्र रचते हैं। हमारी जनता कैसे दीन, हीन और लाचार होकर जीवन जी रही है। राजा का मतलब क्या, उसके कर्तव्य क्या, इनकी बारीकियाँ समझ रहे थे।

पुणे नगरी पुनर्स्थापित होने लगी थी। उसकी परिस्थितियों में सुधार आने लगा था। जनता उन्हें एक कुशाग्र एवं निपुण राजा के रूप में जानने लगी थी, तब उनकी आयु थी 15 वर्ष।

एक बार की बात है, शिवाजी अपने जहाँगीरदारी क्षेत्र में घूम रहे थे, उस वक्त डरा हुआ एक व्यक्ति रामजी खोडे छुपते–छुपाते आया और शिवाजी राजा के चरणों में गिरकर रोने लगा। राजा ने धीरे से उसे उठाया और उसके रोने का कारण पूछा, तब वह बोला, "महाराज, मैं लुट गया, बरबाद हो गया, मेरी पुत्री नदी पर पानी भरने गई थी, लोग उसे उठा के ले गए और उसकी इज्जत लूट ली। इस घटना से वह इतनी आहत हुई कि उसने खुदकुशी कर ली।"

राजा ने पूछा, "क्या हुआ? और यह करतूत किसने की? हमें विस्तार से बताओ।"

रामजी ने बताया कि ये करतूत गाँव के पाटील ने की है। शिवराया ने अपने साथी येसाजी से कहा, "तुरंत जाओ और राँझे पाटील को लेकर आओ। हम यहीं इंतजार करेंगे।" कुछ समय पश्चात् येसाजी खाली हाथ वापस आए। राजा के पूछने पर उसने कहा, "महाराज, पाटील अत्यधिक घमंड में है और कहता कि कौन शिवाजी, कहाँ का राजा है? वह तो एक बच्चा है। मैं राँझा का पाटील हूँ और यहाँ का मालिक हूँ। यहाँ मेरी मरजी चलेगी। जाकर कह दो अपने शिवाजी को।" इस पर शिवाजी रामजी खोडे को लेकर पुणे वापस आ गए। दूसरे दिन सुबह उन्होंने येसाजी को पचास सवारों के साथ भेजा और राँझा पाटील को बाँधकर लाने का आदेश दिया।

दरबार बुलाया गया और पाटील को हाजिर किया। रामजी से पूछा, "यही वह शख्स है, जिसने तुम्हारी पुत्री की इज्जत लूटी? रामजी के हामी भरने पर पाटील से पूछा, "बोलो पाटील, तुम्हारा क्या कहना है?"

पाटील तब भी घमंड में बोला, "मैं आपको राजा नहीं मानता; मुझे आपसे नहीं, पंचों से न्याय चाहिए, अत्यंत क्रोध में राजा बोले, "अगर पंचों से न्याय चाहिए तो पाटील की पुत्री को भी हाजिर करो, उसका भी कुछ कहना होगा।"

पाटील बोला, "यह कैसे संभव है अब?"

क्रोध में काँपते हुए राजा बोले, "खामोश! पाटील गाँव का पिता समान होता है। और तुमने अपने ही गाँव की बेटी की इज्जत लूट ली। उस बालिका के नजदीक जाते समय तुम्हारे पाँव रुके क्यों नहीं? उसके वस्त्र खींचते समय तुम्हारे हाथ काँपे क्यों नहीं? उसकी इज्जत लूटते वक्त तुम्हें अपनी माँ का, अपनी बहन का खयाल क्यों नहीं आया? अगर ऐसा ही चलता रहा तो मुसलिमों के राज में और हमारे राज में क्या फर्क रह जाएगा? येसाजी, जिस हाथों से पाटील ने बालिका के वस्त्र खींचे थे और जिन पावों से चलकर वह उसके समीप गया था, वे दोनों हाथ और पाँव उखाड़ फेंको।"

इस राज्य में ऐसी घिनौनी हरकत फिर न होने पाए। यह राज्य तो भगवान 'श्री' की इच्छा से स्थापित होगा और माता-बहनों का यहाँ पूरा सम्मान होगा, रक्षण होगा।

❑

राँझे पाटील

न्याय कीजिए न्याय कीजिए
राजे शिवबा न्याय कीजिए,
पुत्री की मेरी इज्जत लुटी
स्वाभिमानी थी प्राण त्याग दी।

जघन्य कृति पाटील ने की थी
शर्मनाक यह हरकत थी,
शिकायत शिवबा ने सुनी थी
सहने की यह बात नहीं थी।

राँझे पाटील को बुलवाया
दंभ भरा यह जवाब आया,
कौन कहाँ का है वो राजा
बालक है वो पंद्रह साल का।

पाटील हूँ मैं राँझा का
मालिक हूँ मैं खुदमर्जी का,
बटिक मेरी सारी रयता
इस दुनिया का यही शिरस्ता।

बाल अवस्था थी शिवमूर्ति
परिपक्व थी उनकी बुद्धि,
निष्ठा आयु से अधिक ही थी
मुख से बोल में क्रोधाग्नि थी।

संस्कार नहीं ये मेरे धर्म का
न हो आचरण विधर्मियों का,
न हो चिता फिर पद्मिनी की
न हो कृती फिर गोदावरी की।

न ये कुतुब या आदिलशाही
स्थापित हो यहा धर्मगवाही,
माता का दरजा हरेक स्त्री का
सम्मान रखेंगे माँ–बहनों का।

जकड़ के लाओ उस अधम को
न्याय हमारा यही है उसको,
सत्त्व नारी का करेंगे रक्षण
आए न फिर शर्मनाक वो क्षण।

कैसे करूँ क्षमा मैं उसको
गाँव मानता पिता जिसको,
बधिर क्यों न हुए कान उसके
दहाड़े वो आर्त सुनते?

काँपे क्यों न हाथ उसके
उस नारी के वस्त्र खिंचते,
थमे क्यों न पाँव उसके
उस अबला के समीप जाते?

उखाड़ फेंको उन हाथों को
छू न सके नारी के तन को,
तोड़ो उसके पाँव काटकर
जा न सके अबला के पथ पर।

सजा क्या है ऐसे गुनाह को
मालूम होते सब जनता को
राज्य होगा यह तो श्री का
करेगा रक्षण माँ–बहनों का।

❑

रोहिडेश्वर शपथ

15 अप्रैल, 1645

राँझे पाटील को दी गई सजा के कारण प्रजाजनों का शिवाजी राजा पर विश्वास बढ़ने लगा था। शिवराया को भी देश में व्याप्त परिस्थितियों का अंदाजा होने लगा था। यह देखकर उनका मन खिन्न हो जाता था कि मेरे स्वजन कैसी मृतप्राय जिंदगी जी रहे है। अधर्मियों के अत्याचार का प्रतिकार क्यों नहीं कर पाते? क्या यह सब ऐसा ही चलता रहेगा? और कब तक? अपने विचार शिवाजी अपने साथियों के समक्ष रखते थे। उनके साथियों में तानाजी मालूसरे, सूर्याजी मालूसरे, येसाजी कंक, सूर्याजी काकड़े, बाजी जेधे, त्र्यंबक डबीर, बापुजी मुद्गल, नारोबा, चिमनाजी, बालाजी देशपांडे, नरस प्रभु गुप्ते, बाजी पासलकर आदि थे। इस विषय पर सभी में चर्चा होती थी।

इस पर कुछ–न–कुछ कारवाई होनी चाहिए, ऐसा सभी ने एक मत से निर्णय लिया। इस समूह में सभी ओहदों के, सभी जाति के तथा सभी उम्र के लोग थे। शिवबा स्वयं पंद्रह की उम्र के थे, तब बाजी पासलकर थे पैंसठ वर्ष के। यानी शिवबा के दादाजी की उम्र के, सभी ने मिलकर एक मत से हिंदू स्वराज्य स्थापित करने का निर्णय लिया और पक्का करने के लिए रोहिडेश्वर को साक्षी मानकर शपथ ली।

उन दिनों में युवा शिवा के मन में ये विचार आते थे—

रोहिडेश्वर शपथ

राजे हैं हम कैसे राजे
राजे हैं हम कहाँ के राजे?
जहाँगीरदार हम नाममात्र के
अधिकारी केवल वसूली के।

मोहम्मद या खान आते
घरबार हमारा सारा लूटते,
शिकार हैं हम जोर–जुल्म के
बकरी हो जो सिंह के आगे।

भूमि हमारी किले उनके
फसल हमारी अधिकार उनके,
खंडणी और धन भी उनके
अनेक हमारे स्वजन उनके।

रक्षण नहीं माँ–बहनों का
पौरुषहीन जीवन तरुणों का,
मूक हैं मंत्र पुरोहितों के
स्तब्ध बोल भी संतजनों के।

मावला के मावलों के
खुटे क्या बल बाजुओं के,
मराठमोले बंधू जनों के
मृत है क्या स्वाभिमान सबके?

झूठमूठ का राज्य न चाहे
पशुवत् ये जीवन न चाहे,
राज्य होगा ये तो श्री का
अधिष्ठान हो जहाँ धरम का।

नीति सीखेंगे चाणक्य से
विचार करेंगे एकमत से,
लक्ष्य रखेंगे रामराज्य का
मार्ग चुनेंगे कृष्ण नीति का।

सारे मिलकर शपथ लेंगे
रोहिडेश्वर साक्षी होंगे,
स्थापना करें हिंदवी राज्य की
साथ लेंगे सकल जनों की।

बोलो ताना और बालाजी
नरसप्रभू दादाजी बाजी,
वचन देंगे एकता का
आजीवन साथ देने का।

सारे मावले होकर संगठित
संपूर्ण यश करें सुनिश्चित,
संदेह नहीं हो अपयश का
दाँव खेले जान की बाजी का।

हाथ में लेकर बिल्वपत्र को
वंदन करे **शिव शंभू** को,
मंत्र मुख में रहे निरंतर
महादेव हर हर, हर हर महादेव
हर महादेव हर हर,
हर हर महादेव!

❑

स्वराज्य स्थापना

सन् 1646 से 1659

भगवान् रोहिडेश्वर की शपथ लेने के पश्चात् स्वराज्य की मुहीम का पहला सम्मान भी रोहिडेश्वर किले को ही देना सुनिश्चित हुआ। किले में रसद बहुत कम थी, अपने साथ दो सौ मावलों को लेकर शिवाजी रोहिडेश्वर किले पर पहुँचे। बरसात की पूर्व तैयारी के चलते किले पर लकड़ियाँ इकट्ठा करने का कार्य चल रहा था, मावलों ने मजदूरों के भेस में लकड़ियों के गट्ठरों में तलवारें छिपाकर किले के अंदर पहुँचाईं, और बिगुल से संकेत मिलते ही सभी ने एक साथ अपने शस्त्र निकाले, किलेदारों को कुछ समझ आए, उसके पहले ही किला फतह कर लिया। शिवाजी ने किले की निगरानी कर उसको दुरुस्त करने का आदेश दिया।

दूसरे क्रमांक पर था तोरणा किला। यहाँ भी किलेदार गाफिल था, सो धावा बोलकर इसे भी कब्जे में लिया और तट बंदी का कार्य शुरू किया। इन सभी गतिविधियों के लिए धन की आवश्यकता महसूस होने लगी। तब जीजामाता ने अपने गहने देकर कहा कि उन्हें बेचकर कार्य आगे बढ़ाइए।

बाल सैनिकों की इन गतिविधियों एवं वीरतापूर्ण विजय को देख दादोजी कोंडदेव सोचने लगे कि भविष्य की मुहिमों के लिए धन की व्यवस्था कैसे होगी। पर कहते है न की 'जहाँ चाह, वहाँ राह' और अच्छे कार्य में भगवान् हमेशा साथ देते हैं और ईश्वर की अपार कृपा से तट बंदी के काम के दौरान सोने की मोहरों का एक बड़ा संग्रह मिला। धन की चिंता समाप्त हुई और स्वराज्य के कार्य में गति आई।

तत्पश्चात् रोहिड़ा किला नियंत्रण में लिया।

इसी प्रकार कोंडाना के किलेदार सिद्धि अंबर को भी समझाइश देकर अपनी तरफ मोड़ लिया। कोंडाना भी स्वराज्य में शामिल हुआ।

पुरंदर का किला स्वराज्य की दृष्टि से अत्यंत महत्त्वपूर्ण और मजबूत किला था, यहाँ के पूर्व किलेदार निलकंठराव सरनाईक के शहाजी राजा से अच्छे संबंध थे। उनकी मृत्यु के पश्चात् उनके तीन पुत्र पिलाजीराव, निलाजीराव और संकाजीराव उत्तराधिकार के लिए लड़ पड़े और उत्तराधिकार के लिए जब निजाम के पास जाने कि बातें सुनाई दीं, तब शिवाजी ने किला अपने कब्जे ले लिया।

चाकण किले के वरिष्ठ किलेदार फिरंगोजी नरसाला एक निपुण योद्धा थे, शिवाजी ने उनसे भेंट की और स्वराज्य में शामिल होने की समझाइश दी। ऐसे चाकण भी स्वराज्य में शामिल हुआ।

तेरह वर्षों की कालावधि में शिवाजी ने मावल क्षेत्र में पूर्ण राज्य स्थापित किया।

❑

स्वराज्य स्थापना

जीजीरे जीजी जीजीरे जीजी!
रोहिडेश्वर वंदन करके,
स्वराज्य स्थापना शुरू करेंगे,
देना पहला स्थान किसको
दे वो रोहिडेश्वर को⋯जीजी

देखो किला तो है यह छोटा
और फौज का यहाँ है टोटा,
आसान है प्रवेश करना
सोचा क्या दाँव चलना।

सर पर लिये लकड़ी के गट्ठर
तलवारें उनमें छुपाकर,
जाते गढ़ के द्वार से अंदर
समझ न पाए पहरेदार⋯जीजी

संकेत का बिगुल बजाके
गट्ठर से तलवारें खींचके,
दुश्मन पर प्रहार करके
जीते मावले शौर्य दिखाके।

शुरुआत करके स्वराज्य की
स्थापना हिंदवी राज्य की,
आरोहण भगवा ध्वज का
प्रारंभ विजय शृंखला का···जीजी

अब ना विश्रांति लेना,
हिंदवी स्वराज्य स्थापित करना
तोरणगढ़ सरल है लेना
यश तो ये हमें है पाना।

विजय मिली कोंढाणा पर
किलेदार था सिद्धी अंबर,
स्नेह स्वराज्य से ये रखकर
झंडा भगवा फहराया···जीजी

श्राप मराठों को ऐसा था
आपसी बैर करने का,
एक दूजे से द्वेष वे करते
प्रेम भाव नहीं मन में रखते।

तीन पुत्र थे एक पिता के
निलाजीराव और संकोजी,
तीसरा था वो पिलाजी
मदद लेते वो शिवराया की।

राजे आए पुरंधर पर
गढ़ स्वराज्य में शामिल कर,
कलह आपसी छोड़
साथ दीजै स्वराज्य का¨जीजी

लिया संग येसाजी तानाजी बाला
पहुँचे चाकण के किले पर,
श्रद्धा से मस्तक को झुकाया
मिलने फिरंगोजी नरसाला।

(फिरंगोजी बोल उठे)
राजे क्या है आपकी मरजी,
संभव नहीं यहाँ दगाबाजी
(राजा ने इशारा किया, सभी साथी बाहर निकल गए, राजे बोले)
फिरंगोजी अब मैं अकेला
करिये जो मर्जी हो आपकी¨जीजी

स्वराज्य को न महता गढ़ों की
सदा साथ हो श्रेष्ठ जनों की,
जुड़े साथ ही अनुभव कि
इसलिए करता हूँ विनती।

करन सलुक जैसे को तैसा
दगाबाज से दगा हो जैसा
सज्जनो से स्नेह हो वैसा
आया यही मन में धारे हो¨जीजी

राजे यही है समय परीक्षा का
सदा साथ दिया शहाजी राजा का,
आया उनका पुत्र, साथ दूँगा मैं स्वराज्य का···

फिरंगोजी : पर राजा, ऐसे कितने समय तक हम बादशाह के सामने टिक पाएँगे?

शिवाजी : जीत के लिए हिम्मत की जरूरत होगी।

फिरंगोजी : और हिम्मत?

शिवाजी : आप जैसे लोग बढ़ाएँगे।

फिरंगोजी : हम जैसे?

शिवाजी : हाँ फिरंगोजी, आप जैसे ही। फिरंगोजी, एक बात पूँछू? आपकी जात क्या है?

फिरंगोजी : हिंदू हूँ।

शिवाजी : आपके मंदिर सुरक्षित हैं? आपके भगवान् अपनी जगह पर हैं? नहीं न, बेहतर होगा कि आप मुसलमान बन जाएँ। एक भी लड़की अगर जनाना खाने में दे दी तो समझ लीजिए, सुभेदार बनने में देर नहीं लगेगी।

फिरंगोजी : राजा, जरा जबान सँभालकर। तुम्हारा बाप शहाजी क्या मुसलमान बन गया था?

शिवाजी : नहीं ! पर इसी कारण उन्हें दर–दर की ठोकरें खानी पड़ीं।

फिरंगोजी : पर राजा, मुसलिमों की ताकत कितनी है, इसकी जरा भी कल्पना है आपको?

शिवाजी : कहाँ से आई ये ताकत। निर्वासित बनकर आया हुआ बाबर सम्राट् बन गया, किसने बनाया उसको सम्राट्? आप–हम सब लोगों ने ही न? अगर बाबर ये तरकीब आजमा सकता है, तो हम–आप क्यों नहीं? बोलिए, फिरंगोजी बोलिए?

फिरंगोजी : बस करो शिवबा, बस करो! लाओ, तुम्हारा वो भगवा ध्वज। आज से ये गढ़ तुम्हारा। मुझे जो जवाबदारी दोगे; मैं लेने को तैयार हूँ।

शिवाजी : फिरंगोजी आज से स्वराज्य के इस किले के पहले किलेदार आप! आज से ये चाकण आप के सुपुर्द। आप का मार्गदर्शन स्वराज्य को सदैव मिलता रहे, यही हमारी प्रार्थना है।

हुआ हिंदवी स्वराज्य स्थापन, जी–जी–जी!

❑

अफजल खान का वध

10 नवंबर, 1659

अब शिवाजी ने एक-एक कर किलों पर कब्जा करना शुरू किया। वाई और जावली का क्षेत्र चंद्रराव मोरे, जो आदिलशाह के दरबारी थे, के आधीन था। पुणे से कोंकण जाने वाले मार्ग पर यह एक महत्त्वपूर्ण स्थान था। इस क्षेत्र का भौगोलिक महत्त्व जानकर शिवाजी ने यह क्षेत्र अपने कब्जे में लिया। यह संपूर्ण क्षेत्र घने जंगलों से घिरा हुआ था। इसी क्षेत्र में पारघाट की पहाड़ी पर प्रतापगढ़ का निर्माण किया। चंद्रराव मोरे के आधीन रायरी का गढ़ भी शिवाजी ने जीत लिया। इस किले का नाम बदलकर रायगढ़ रखा, जो आगे चलकर शिवाजी महाराज की राजधानी बना।

शिवाजी की इन गतिविधियों को देखकर आदिलशाह चिंतित हुआ। उस समय शहाजी राजा आदिलशाह के दरबार में सरदार थे। आदिलशाह ने अपने पुत्र की हरकतों को रोकने के लिए शहाजी से कहा, ''मेरा पुत्र मेरे कहने में नहीं है तथा आपको जो भी कार्रवाई करनी हो, करें।''

आदिलशाह ने फतेहखान को एक विशाल फौज देकर शिवाजी का बंदोबस्त करने के लिए भेजा। पर शिवाजी के मात्र 1500 सैनिकों के सामने वह टिक नहीं पाया और पराजित होकर लौट आया। शिवाजी को इस लड़ाई में अथाह धन, शस्त्र एवं हाथी-घोड़े मिले।

इस दौरान आदिलशाह की मृत्यु हो गई तथा उसका अधेड़ उम्र का बेटा सुल्तान बना। परंतु राजकाज आदिलशाह की बेगम उलिया जनाबा, जिसे बड़ी बेगम के नाम से जाना जाता था, वह देख रही थी। बड़ी बेगम ने दरबार बुलाया और सभी सरदारों को शिवाजी को मारने या जिंदा पकड़ने का आह्वान किया तथा दरबार में बीड़ा रखा। शहाजी राजा का रोब, फतेहखान का पराभव तथा शिवाजी की चतुर युद्धनीति से सभी परिचित थे, अत: काफी समय तक कोई भी सरदार आगे नहीं आया। सभी सरदारों की नामर्दगी पर उलाहना देते हुए बड़ी बेगम ने जब पुन: ललकारा, तब अफजल खान आगे आया और उसने शिवाजी को जिंदा या मुर्दा दरबार में हाजिर करने का बीड़ा उठाया।

अफजल खान शरीर से भारी भरकम, सवा छह फुट ऊँचा, शक्तिशाली पठान था तथा अत्यंत क्रूर, मगरूर, विश्वासघाती था। इसी अफजल खान ने पूर्व में शहाजी राजा को कैद किया था। उन्हें बेइज्जत करते हुए बेड़ियाँ पहनाकर वीजापुर में घुमाया था। शिवाजी के कुशल कारवाई के कारण शहाजी राजा को छोड़ने के लिए मजबूर होना पड़ा था। बाद में अफजल खान ने शिवाजी के बड़े भाई संभाजी को धोखे से मार दिया था। अफजल खान स्वयं को 'दीनदार बुतशिकन, दीनदार कुफ्रशिकन' (मूर्तियों को फोड़नेवाला तथा काफिरों को मारनेवाला धर्मसेवक) तथा 'कातिले मुतमरीदान, काफ़ीरान शिकंद-ए-बुनियादे बुतान' (काफिर तथा विद्रोहियों का कत्ल करनेवाला और मूर्तियों के पाँव तोड़नेवाला) कहलाता था।

आदिलशाह ने अफजल खान को विशाल फौज, हाथी, घोड़े, तोप, बारूद साथ में प्रचंड धन भी दिया। अफजल खान की फौज में मुसेखान, हसनखान, सिद्दी हिलाल, अकुंशखान आदि के साथ पांढरे नाईक, बाजी घोरपड़े, मंबाजी भोंसले (रिश्ते में शिवाजी के चाचा), प्रतापराव मोरे जैसे हिंदू सरदार भी थे। खान का पुत्र फजलखान अपने दोनों भाइयों के साथ था। अफजल खान ने अपनी मुहीम प्रारंभ करने के पूर्व अपनी सभी चालीस बेगमों का कत्ल कर दिया।

जावली तथा वाई का क्षेत्र खान की जागीरी में था। उसने सभी हिंदू सरदार, देशमुख, पाटील, देशपांडे के नाम खान की सेना में शामिल होने का फरमान जारी किया। खान के आतंक से डरे हुए होने के कारण एक-एक कर सभी मराठे खान की सेना में शामिल होने लगे। इस तरह खान ने 30 हजार की विशाल फौज खड़ी कर ली। बारह हजार घुड़सवार, दस हजार लश्कर, बारह सौ ऊँट, हाथी, गोला बारूद, तोप इत्यादि लेकर खान निकला जनवरी 1659 में।

इधर शिवाजी को अपने गुप्तचरों के द्वारा खान की गतिविधियों की संपूर्ण जानकारी प्राप्त हो रही थी। खान की विशाल फौज के सामने मराठों की अदनी-सी सेना का निर्वाह होना असंभव है, यह शिवाजी जानते थे। खान से खुले मैदान में लड़ाई लड़ने के बनिस्बत उसे वाई के दुर्गम पहाड़ी क्षेत्र में बुलाकर घेरा जाए, ऐसी योजना शिवाजी ने बनाई और उन्होंने प्रतापगढ़ में डेरा जमाया।

वीजापुर से चलकर सीधे वाई जाने के बजाय खान प्रथम तुलजापुर आया। तुलजापुर में भोंसले परिवार के कुलदेवता तथा महाराष्ट्र की आराध्य तुलजा भवानी का मंदिर तहस-नहस कर दिया। पूरा तुलजापुर जला दिया। बाद में वह पंढरपुर आया। पंढरपुर में समस्त मराठी भाषिकों के प्रिय भगवान् विट्ठल व रखुमाई का मंदिर तोड़ डाला। संपूर्ण पंढरपुर

ध्वस्त कर दिया। खान का सोचना था कि इतना सब होने से शिवाजी गुस्सा होकर लड़ाई के लिए सामने आएगा। खान ने अपने वकील कृष्णाजी भास्कर को शिवाजी के पास भेजा। संदेश दिया था, ''तुम्हारी हरकतों से आदिलशाह सख्त नाराज है, अतः तुम अपनी सेना के साथ हमारी शरण में आ जाओ। हमारे वरिष्ठ सरदार शहाजी के तुम फर्जंद होने के कारण तुम्हारे साथ नरमी बरती जाएगी।'' हम तुम्हें आदिलशाह के दरबार में पेश कर तुम्हें सजा माफी दिलवाएँगे। अपने वकील पंताजी गोपीनाथ को खान के पास भेजा और कहलवाया, ''आप आदिलशाह दरबार के वरिष्ठ सरदार और हमारे पिताजी के सहयोगी हैं, अतः हमारे पितातुल्य हैं। हमारी गलतियों के कारण हुजूर आदिलशाह हमसे नाराज हैं, यह हम जानते हैं। आपकी शक्ति और विशाल फौज के कारण हमें अत्यंत भय लग रहा है। अतः आप जावली में प्रतापगढ़ के पास आ जाए। हम आज तक कमाई हुई सारी दौलत, सैन्य तथा सभी किले आपके आधीन कर देंगे और आपके साथ वीजापुर दरबार में हाजिरी लगाएँगे।

अफजल खान की फौज को वाई होकर जावली की तराई में आने के लिए शिवाजी के सैनिकों ने पूरी मदद की। घने जंगल में फौज के लिए राह तैयार करना, फौज की रसद आदि सबकी व्यवस्था की। पर्वत, खाइयाँ, नदी-नाले की शृंखलाओं को हाथी, घोड़े, तोपों को ढोते हुए बड़ी कठिनाई से पार करके अफजल खान जावली की तराई में आ पहुँचा। इतनी विशाल फौज के साथ में होने से शिवाजी की सेना क्या टिक पाएगी, ऐसा उसका सोचना था।

अपने जासूसों के माध्यम से अफजल खान का मंसूबा क्या है, यह शिवाजी ने मालूम कर लिया था। अपने वकील के माध्यम से मुलाकात का दिन 10 नवंबर, 1659 का निश्चित हुआ।

मुलाकात के समय दोनों के साथ दो सहयोगी रहेंगे। बीस सहयोगी मुलाकात के स्थान से पचास कदम दूरी पर रहेंगे। मुलाकात के लिए मध्याह्न का समय तय हुआ।

जावली की जिस तराई में खान की सेना थी, उसकी चारों ओर से पहाड़ों के ऊपर शिवाजी की सेना ने रात से ही अत्यंत सावधानी के साथ मोर्चा जमा लिया था। मुलाकात हो जाने के बाद तोप का इशारा होते ही खान की फौज पर हमला करने का निर्देश दिया गया। कोई भी बच न पाए, कोई भागने न पाए। खान की सारी सामग्री, संपत्ति व्यवस्थित रूप से एकत्र करके प्रतापगढ़ पहुँचाई जाए, यह भी कहा गया था। मुलाकात के लिए प्रतापगढ़ के भूतल पर विशाल शामियाना बनाया गया था। शामियाने में सुंदर साज-सज्जा के साथ अमूल्य रत्नों से गढ़ा हुआ लाल गलीचा, किनखाप, मालाएँ, तोरण आदि से भरे इस भव्य मंडप का वैभव आँखों को चौंधिया रहा था। इतने शानोशौकत के साथ शाही स्वागत तब तक शायद ही किसी का हुआ होगा।

दस नवंबर को भोर में ही शिवाजी जाग गए। स्नान पूजा आदि नित्य कर्म पूरा किया। अब 'भेंट' पर निकलने के लिए तैयार होने लगे। अंदर चिलखत ऊपर धवल शुभ्र रेशम का अँगरखा, सिर पर शिरस्त्राण, उस पर तुर्रे मोतियोंवाला अपना टोप बाँधा, कमर में बिछुआ रखा, उँगलियों में व्याघ्रनख धारण किया। भवानी तलवार हमेशा के अनुसार कमर पर लटक रही थी।

इधर खान अपने साथ पंद्रह सौ सशस्त्र सैनिक लेकर डेरे से निकला। पंताजी गोपीनाथ ने ध्यान दिलाया कि मुलाकात के स्थान तक केवल बीस रक्षक और दो सहयोगी लाना तय हुआ है। इतनी विशाल सेना देखकर शिवाजी भय के मारे गढ़ से नीचे ही नहीं उतरेगा। सैनिकों को पीछे रोककर खान आगे बढ़ा। शामियाने में खान के साथ कृष्णाजी

नाईक और सय्यद बंडा थे। मुलाकात के स्थान पर बने आलीशान शामियाने को देखकर खान अचंभित हो गया, उसकी आँखें चौंधिया गईं। शिवाजी के पास कितनी दौलत है, इस बारे में वह सोचने लगा। यह सारी दौलत अब कुछ क्षण में मुझे मिलने वाली है, यह सोचकर मन में लालच भर आया। वह अधीर होकर शिवाजी के आने का इंतजार करने लगा।

शिवाजी ने अपने साथ संभाजी कावजी, जो तलवार युद्ध में निपुण व अत्यंत बलवान थे तथा जिवा महाला, जो पट्टा चलाने में माहिर थे। पट्टा एक लोहे की धारदार लंबी पाती होती है, जो लगभग 20 हाथ की दूरी तक मार कर सकती है।

शामियाना से कुछ दूर पर पहुँचकर शिवाजी ने निश्चित कर लिया कि मंडप में खान के साथ केवल दो ही साथी हैं।

अफजल खान शिवाजी का इंतजार कर ही रहा था, शिवाजी को नजदीक आते देखकर वह उठ खड़ा हुआ और बाँहे पसारकर शिवाजी को आलिंगन में लिया। शिवाजी कुछ समझ पाते, इसके पूर्व खान ने पूरी शक्ति के साथ आलिंगन को कसा तथा कटार का वार किया। मस्तक पर शिरस्त्राण पहना होने से कटार फिसलकर शिवाजी के कंधे पर चोट कर गई। शिवाजी का दम घुटने लगा और ऐसा लगा कि खान उन्हें मार देगा। उसी वक्त अपने हाथ में पहने व्याघ्रनख को उन्होंने खान के पेट में गड़ाया और पूरा जोर लगाकर खान का पेट चीर दिया। इस कारण खान का आलिंगन ढीला हुआ और शिवाजी ने कमर पर लटके बिछुआ से खान की आँतें चीर दीं।

खान जोर से चिल्लाया 'दगा, दगा।' इसी क्षण सय्यद बंडा तलवार लेकर शिवाजी की तरफ दौड़ा, जिवा महाल ने दूर से ही पूर्ण शक्ति के साथ पट्टा चलाया और शिवाजी को मारने के लिए उठे हुए सय्यद बंडा का हाथ कलम कर दिया।

शिवाजी दौड़ते हुए गढ़ पर पहुँचे और तोप चलाने का आदेश दिया। तोप की आवाज सुनते ही पहाड़ों में छुपे मराठा सैनिकों ने खान की छावनी पर हमला बोल दिया। मात्र दो घंटे के समय में खान की छावनी तहस-नहस हो गई। खान के तीन हजार सैनिक मारे गए तथा तीन हजार पकड़े गए। बड़ी संख्या में शरण आए और अनेक भाग गए।

इस युद्ध में शिवाजी को 90 हाथी, 8000 घोड़े, 1200 ऊँट, 3000 बैल, 80 तोप, प्रचंड मात्रा में गोला-बारूद, जडजवाहीर, 3 लाख रुपये तथा खजाना 7 लाख रुपये का हासिल हुआ।

❑

अफजल खान का वध

शिवराया का देख पराक्रम,
काँप उठा आदिलशाह,
मार सके जो उस काफिर को
है कोई ऐसा वीर यहाँ?

बड़ी बेगम की सुन ललकारें
अफजल खान आगे बढ़ा,
मसलूँगा चूहे को मैं मुट्ठी में
कहकर उठाया उसने बीड़ा।

सवा छह फुट का खान था भरकम
सरदार आदिलशाह का बड़ा,
तीस हजारी फौज लेकर
सिवा को मारने निकल पड़ा।

तुलजा विट्ठल मूरत को तोड़ा
मुलुक सारा जला दिया,
त्राहिमाम् कर उठी जनता
शिवराया चिंता में पड़ा।

विशालकाय वीर है अफजल
विशाल फौज के साथ खड़ा,
कैसे करें सामना उसका
स्वराज में फौज का अभाव बड़ा।

पर शक्ति से बेहतर होगी युक्ति
सामने युद्ध से मिलेगी मुक्ति,
खान अकेला गर आ जाए
सहज ही काबू में कर पाए।

शक्तिवान खान के सम्मुख
शिवाबा है भयभीत बड़ा,
विशाल इतनी फौज देखकर
काँपता है वह खड़ा-खड़ा।

समर्पण करूँगा समक्ष आपके
सारे किले और संग मुल्क के,
नतमस्तक हो चरण धरूँगा
संदेश खान को शिवराया का।

भ्रमित हुआ खान इससे
घमंड शक्ति का भरा हुआ था,
अकेला ही मैं काफी हूँ
पल में चूहे को मसलूँगा।

मुलाकात का स्थान चुना था
प्रतापगढ़ के भूतल का,
साथ में होंगे दो ही रक्षक
तय हुआ उन दोनों का।

देख आलीशान शामियाना
खान की आँखें चुँधिआई,
सारी दौलत मिल जाएगी
लालच मन में भर आई।

इंतजार करते सिवा का
खान अधीर हो उठा,
देख सिवा को करीब आते
बाँहे पसारे हुआ खड़ा।

सिवा को भरकर आलिंगन में
भींचा बाँहों को पूर्ण शक्ति से,
लगा शिवा को चीर देगा
हाथ–कटार की वार से।

लगा शिवबा खत्म हो गया
चमत्कार उसी पल में हुआ,
प्रकट हुआ नरसिंह देह में
बघनखा गड़ा पेट में,
चीर दिया उदर खान का
क्रूर दैत्य का वध कर दिया।

सारा देश हुआ अचंभित
कठिन युद्ध में पाई जीत,
स्वराज्य में धन प्रचुर आया
जय-जयकार शिवराया का किया।

❑

बाजी प्रभु देशपांडे

3 जुलाई, 1660

अफजल खान के वध के पश्चात् उसकी सेना को परास्त करके शिवाजी राजा दूसरे दिन प्रातः बीजापुर की ओर कूच कर गए। कोंकण पट्टी को अपने कब्जे में करते हुए मिरज तक पहुँच उस की घेराबंदी की। तभी समाचार आया कि सिद्धि जौहर स्वराज्य पर आक्रमण करने के लिए निकल पड़ा है। सिद्धि एक अत्यंत बलशाली हब्शी सेनापति था। चालीस हजार की विशाल फौज लेकर वह मुहीम पर निकला। सिद्धि जौहर को स्वराज्य की सीमा में घुसने से पहले ही, सीमा पर ही रोकना जरूरी होगा। यह विचार मन में आते ही शिवाजी राजा पन्हालगढ़ जा पहुँचे। सिद्धि को यह बात मालूम पड़ गई और उसने पन्हालगढ़ की घेराबंदी की। शिवाजी राजा का मानना था कि वर्षाकाल नजदीक आ रहा है, ऐसे में सिद्धि ज्यादा दिन नहीं रुक पाएगा। लेकिन राजा की यह सोच गलत निकली और भरी बारिश में भी सिद्धि डेरा डाले बैठा रहा। घेराबंदी में कहीं किसी प्रकार की ढील नजर नहीं आ रही थी। चार माह का समय बीत गया। किले पर संग्रहित अनाज भी खत्म होने लगा था, बाहर से किसी भी तरह की मदद आने की कोई संभावना नहीं

थी। तब राजा ने सोचा कि अब तो किसी भी तरह यहाँ से निकलना ही होगा। उन्होंने एक योजना बनाई। योजना ऐसी थी, पहाड़ी के बीच बने सँकरे मार्ग से विशालगढ़ पहुँचा जाए। विशालगढ़ वहाँ से अस्सी कोस दूर था, मार्ग भी अत्यंत दुर्गम, पत्थरों से और खाइयों से भरा, घनघौर बरसात और अँधेरी रात, घुप्प अँधेरे में चलना भी अत्यंत कठिन कार्य। परंतु इसके अलावा और उपाय भी नहीं था।

सिद्धि को संदेश भेजा गया कि शिवाजी राजा संधि करने आ रहे हैं। इस वार्त्ता से सिद्धि थोड़ा गाफिल हुआ।

गढ़ पर केवल 1500 सैनिक थे, ऐसे में सिद्धि से लड़ना भी संभव नहीं था। उधर नेताजी पालकर ने घेराबंदी तोड़कर पन्हालगढ़ पर पहुँचने का प्रयास किया, पर वे असफल हो गए और उन्हें काफी बड़ी हानि उठानी पड़ी। शिवाजी का एक सैनिक शिवा नाई काशिद हूबहू शिवाजी की तरह दिखता था, लोग उसे 'प्रति शिवाजी' के नाम से ही पुकारते थे। राजा ने शिवा से पूछा, "क्या तुम असली शिवाजी के रूप में सिद्धि से मिलने जाओगे।" शिवा का जवाब था, "महाराज, मुझे एक क्षण भी शिवाजी के रूप में जीने की संधि मिलती है तो मेरा जन्म सफल हो जाएगा और यहाँ तो मुझे प्रत्यक्ष शिवाजी बनकर दुश्मन के सामने जाना है और वह भी स्वराज्य के रक्षण की खातिर। इससे बड़ा स्वर्णिम क्षण मेरी जिंदगी में और कोई नहीं होगा।"

पन्हालगढ़ से दो पालकियाँ निकलीं, एक में शिवा काशिद शिवाजी का भेष धारण कर बैठा हुआ था, साथ में स्वराज्य का ध्वज लिये हुए सैनिक चल रहे थे यह पालकी सिद्धि के डेरे की तरफ बढ़ रही थी। सिद्धि मन में अत्यंत प्रसन्न हो रहा था कि चार माह की कड़ी मेहनत सफलता में परिवर्तित हो रही थी। उसके सैनिक भी प्रसन्न थे और विजय उत्सव की आस लगाने लगे। इससे घेरा शिथिल हो गया।

दूसरी पालकी में शिवाजी साधारण वस्त्र धारण कर बैठे, उनके

साथ छह सौ सैनिक चल रहे थे। यह पालकी विशालगढ़ की तरफ निकल पड़ी। इस टुकड़ी के साथ शिवाजी के सिपहसालार बाजी प्रभु देशपांडे तथा उनके भाई बजाजी प्रभु देशपांडे अगुवाई कर रहे थे। अँधेरी रात में मूसलधार बारिश के कारण चलना भी दूभर हो रहा था। पर सभी पूरे दमखम के साथ अपने प्राणों से प्रिय राजा को लेकर स्वराज्य की रक्षा करने के उद्देश्य से दौड़ लगा रहे थे। विशालगढ़ की दूरी धीरे- धीरे कम होने लगी थी। इतने में जंगल में हुई हलचल से सिद्धि के सैनिकों को कुछ शंका हुई और वह सिद्धि को बताने के लिए दौड़ पड़े।

दूसरी तरफ शिवा काशिद की पालकी सिद्धि के डेरे में पहुँची और सिद्धि 'शिवाजी' से संधि की शर्तों पर चर्चा करने लगा। चर्चा के दौरान कुछ शंका होने से सिद्धि ने सख्ती बरती, तब मालूम हुआ कि वह असली शिवाजी नहीं है। उसी समय उसे खबर मिली कि असली शिवाजी भाग गया और वह विशालगढ़ की तरफ जा रहा है। सिद्धि ने अपने पुत्र के साथ ढाई हजार सैनिक शिवाजी को पकड़ने के लिए रवाना किए।

इधर शिवाजी के सैनिक घोडखिंड के मार्ग से विशालगढ़ की तरफ बढ़ रहे थे। यह खिंड इतनी सँकरी थी कि एक घोड़ा भी बड़ी मुश्किल से निकल सके। उसी समय खबर मिली कि शिवाजी की योजना सिद्धि को मालूम हो चुकी है और बड़ी संख्या में सिद्धि के सैनिक महाराज का पीछा करने के लिए निकल पड़े हैं।

बाजी प्रभु देशपांडे ने राजा से कहा कि वह आधे सैनिक साथ लेकर विशालगढ़ की तरफ कूच करे। शेष सैनिकों के साथ बाजी घोडखिंड पर रुकेंगे और सिद्धि की सेना का सामना करेंगे। विशालगढ़ पहुँचने पर इशारे के लिए तीन बार तोप दागें। तब तक सिद्धि के एक भी सैनिक को एक कदम भी यहाँ से आगे बढ़ने नहीं दूँगा। बाजी के इस निवेदन पर शिवाजी विचार करने लगे, तभी बाजी बोल उठे—

बाजी प्रभु देशपांडे

राजा घड़ी ये संकट की
देर जरा ना करने की,
घोड़खिंड ये सह्यद्रि की
राह एक ही ये जाने की।

दुश्मन के लिए यहाँ रुकूँगा
पूरे दम से जंग लड़ूँगा,
विशालगढ़ की तोप सुने तक
राह रोकूँगा इस खिंडी की।

चिंता मन में जरा भी न रहे
बाजी जीवित रहे न रहे,
लगाऊँ बाजी मैं प्राणों की
लाज रखूँगा हिंदवी राज्य की।

सुरक्षित रहते राजे शिवाजी
रहेगा शाश्वत हिंदू राज्य भी,
पैदा होंगे अनेक बाजी
पर युग में अवतरे एक शिवाजी।

(केवल 300 मावले लेकर बाजी 2500 की सेना से 12 घंटे तक लड़ते रहे।)

राजे अभी तक क्यों न पहुँचे
अनेक यहाँ दुश्मन काटे,
घट रही शक्ति इन बाहू की
राह देखता तोफ ध्वनि की।

···तोप धमाका···

ध्वनि आई ध्वनि आई
मधुर ध्वनि तोप की आई
शिवराजा के खुशहाली की
बाजी के बाजी विजय की

प्रणाम मेरा शिवराया को
आप सुरक्षित विशालगढ़ को,
वेला आई विदाई की
शीश ही अर्पण करने की।

वार्ता मालूम पड़ने पर शिवाजी राजा के उद्‌गार थे...
बाजी तुमने ये क्या किया
मेरी खातिर प्राण गँवाया,
पर आन रखी स्वराज्य की
भूमि पावन घोड़खिंड की।

❑

शाहिस्ता खान का पराभव

5 अप्रैल, 1663

सिद्धि जौहर स्वराज्य पर आक्रमण करने आ रहा है। यह खबर लगते ही मुगलों ने भी स्वराज्य पर धावा बोल दिया। मुगल सम्राट् औरंगजेब का मामा शाहिस्ताखान एक लाख की विशाल फौज लेकर चल पड़ा। पुणे में जहाँ शिवाजी रहते थे, उस लाल महल में अपना डेरा जमाया और जनता पर अत्याचार करना शुरू कर दिया।

मराठों की सैन्यशक्ति शाहिस्ताखान की फौज के मुकाबले बहुत ही कमजोर थी। मराठे अपनी छापामार युद्ध तकनीक से मुगल सेना को त्रस्त करते रहे, पर खान की फौज टस-से-मस न हुई। दूसरी ओर खान ने शिवाजी के सैनिकों को धन का लालच देकर अपनी ओर मिलाने का प्रयास भी किया।

ढाई वर्ष बीतने के बाद भी खान के जाने के कोई लक्षण नजर नहीं आ रहे थे, उसका अत्याचार दिन-ब-दिन बढ़ता ही जा रहा था। खान की विशाल फौज के सामने अपने मुट्ठी भर सैनिकों से सीधे युद्ध करना तो असंभव था। शिवाजी राजा की सहनशक्ति समाप्त होने लगी। तभी

शिवराया ने एक योजना बनाई। एक अत्यंत साहस भरी योजना। शिवाजी की एक विशेषता यह भी थी कि वे जो भी योजना बनाते थे, उसके हर पहलू का सूक्ष्म अध्ययन करते। योजना का संपूर्ण स्वरूप कैसा होगा? उसमें किन-किन व्यक्तियों की सहभागिता होगी? कौन से शस्त्र इस्तेमाल होंगे? कितने समय में योजना यशस्वी होगी? इसमें क्या-क्या जोखिम हो सकते हैं? यही है, "Planning and time management."

योजना थी कि सीधे लाल महल में घुसकर अकेले शाहिस्ताखान को मारेंगे, पर एक लाख की फौज के पहरेवाली छावनी के अंदर, लाल महल में घुसकर खान को मारना और वापस सुरक्षित बाहर निकलना, वाकई में एक आश्चर्यजनक और चुनौतीपूर्ण कार्य था।

खान की छावनी की पूर्ण जानकारी गुप्तचरों के माध्यम से इक्ट्ठा की गई। छावनी में कितनी चौकियाँ है। कौन सी चौकी पर किसका पहरा है, उनका संकेत का शब्द क्या है आदि। सभी तरफ से भिन्न-भिन्न रूप में चार सौ मावले छावनी के अंदर प्रवेश कर गए। एक झुंड लकड़ी के गट्ठर लेकर, तो दूसरा गश्त लगानेवाली टुकड़ी के रूप में, अन्य यात्रा से लौटे समूह में, तो कुछ बरातें भी छावनी के अंदर पहुँचीं। हरेक व्यक्ति को उसे क्या कार्य करना है, इसकी पूर्ण जानकारी थी।

रमजान का महीना था। दिन भर एक बूँद पानी भी न पीने के कारण सूर्यास्त के समय रोजा इफतार, तत्पश्चात् रात को आकंठ खान-पान व प्रगाढ़ सुख भरी नींद। इस कारण संपूर्ण छावनी में रात को सन्नाटा छा जाता था। ऐसे समय में रमजान की छठ को, हिंदू गणना के अनुसार चैत्र अष्टमी, अर्थात् 5 अप्रैल, 1663 को गहन रात्रि में शिवाजी एक टुकड़ी के साथ लाल महल पर पहुँचे। शिवाजी के बाल्यकाल से लाल महल में काम करनेवाला ज्ञानू माली था। उससे पहले से ही संपर्क करके योजना

समझा दी थी। लाल महल पहुँचते ही पीछे के दरवाजे पर दस्तक दी। ज्ञानू ने धीरे से दरवाजा खोला और ऊपर की तरफ इशारा किया। धीरे से राजे ऊपर गए, साथ में थे महादू, महादेव, बालाजी, चिमणाजी जैसे आठ दस साथीदार, जो बचपन से शिवाजी के साथ खेलते आए थे और जिन्हें लाल महल का चप्पा-चप्पा मालूम था। ऊपर पहुँचते ही, शाहिस्ताखान जिस शयनकक्ष में सो रहा था, उस तरफ जाने लगे। इतने में एक प्रहरी आहट से सतर्क हुआ और उसने जोर से आवाज लगाई, साथ ही रात्रि रोशनी के लिए जलाए हुए दीये बुझा दिए। कुछ बेगमें भी जाग गईं और चिल्लाने लगीं। इस सब कोलाहल से शाहिस्ताखान की नींद खुल गई और वह शयनकक्ष से बाहर की तरफ आया। सामने हाथ में तलवार लिये अपनी ओर बढ़ते हुए शिवाजी को देखकर खान की रूह काँप उठी, उसे कुछ सूझ नहीं पड़ रहा था और वह खिड़की की तरफ भागा और कूदने लगा, इतने में शिवाजी करीब आ गए और तलवार से पुरजोर प्रहार किया। खिड़की पकड़कर कूदते हुए खान के हाथ पर प्रहार हुआ और उसकी तीन उँगलियाँ कट गईं। नीचे कूदकर खान भाग खड़ा हुआ। शिवाजी ने सोचा, खान खत्म हो गया, पर अँधेरे में जानने का कोई उपाय नहीं था। शिवाजी ने साथियों सहित बाहर के बरामदे की तरफ दौड़ लगाई। राह में आते स्त्रियाँ, पुरुष सभी पर प्रहार करते हुए छज्जे पर पहुँचे नीचे सर्जेराव महाराज का घोड़ा लेकर तैयार खड़े थे। महाराज छज्जे पर से ही कूदकर घोड़े पर बैठे। कुछ मावलों ने ढोल, नगाड़े, वाद्य बजाना शुरू किया। खान के छावनी में सैनिक समझ रहे थे कि सुबह के प्रहर का वाद्य है, इधर शिवाजी के सभी साथीदार एकत्र हो गए और खुद ही 'शिवाजी आया, शिवाजी आया, मारो, पकड़ो, भागने ना पाए' चिल्लाते हुए दौड़ पड़े। खान की छावनी में कोलाहल मच उठा। और वास्तविकता क्या है, यह समझ में आने के पूर्व शिवाजी अपने साथियों

के साथ छावनी से बाहर निकल पड़े। वास्तविक स्थिति समझ में आने उपरांत खान के सैनिकों ने पीछा करना प्रारंभ किया।

शिवाजी जब कोई भी योजना बनाते थे, पूरी तरह उसका आकलन करके होनेवाली संभावित घटनाओं का पूर्वानुमान करके पूरी तरह से तैयार होकर निकलते थे। महाराज की इस खूबी का यहाँ भी प्रत्यय आया।

खान के सैनिक पीछा करेंगे, इस बात का पूर्वानुमान करके योजना बनाई गई थी और उसके अनुरूप तैयारी भी की गई थी। खान की छावनी से निकलकर शिवाजी कात्रज घाट से होते हुए कोंडाना की तरफ बढ़ रहे थे। पीछा कर रहे मुगल सेना की दिशाभूल करने के लिए कात्रज घाट में दो सौ बैलों को इकट्ठा करके रखा गया था। उनके सींग पर पलीते बाँधे गए थे। शिवाजी की टुकड़ी नजदीक आने का इशारा पाते ही पलीते जलाए गए। जलते हुए पलीते देखकर मुगल सेना को लगा कि शिवाजी उस दिशा में जा रहा है। और वह उस तरफ मुड़ गई, इधर मराठे दूसरे मार्ग से होते हुए कोंडाना पर सुरक्षित पहुँच गए।

कोंडाने पर सुबह रामनवमी का उत्सव उल्लास के साथ मनाया गया।

इधर अँधेरे का फायदा उठाकर खिड़की से कूदने के कारण खान की जान तो बच गई, पर उसे दाहिने हाथ की तीन उँगलियाँ गँवानी पड़ीं। एक लाख फौज की छावनी में कड़ा पहरा होते हुए भी एकाएक लालमहल में शयनकक्ष के अंदर शिवाजी आया भी तो कैसे? और मार-काटकर फरार भी हुआ तो कैसे? किसी को दिखा तक नहीं। इसका सीधा मतलब था, शिवाजी आदमी नहीं शैतान है! हैवान है! और ऐसे में वह कहीं से भी कभी भी प्रकट हो सकता है, सब तरफ यही धारणा फैल गई।

शिवाजी के इस अकल्पनीय एवं आकस्मिक हमले से खान पूरी तरह टूट गया। मानो वह पिशाच पीड़ा से संत्रस्त हुआ और अब वह एक पल भी पुणे में रुकने के लिए तैयार नहीं था। उसने तुरंत अपना डेरा उठाया। बदनाम और बेइज्जत होकर पुणे से निकले शाहिस्ताखान को औरंगजेब ने सीधे बंगाल की तरफ कूच करने का फरमान जारी कर दिया।

उसके दिल से इस वाकये की थर्राहट कम होने का नाम नहीं ले रही थी, वह हर पल यही सोच रहा था—

❑

शाहिस्ता खान का पराभव

जान बची तो लाखों पाए,
उँगलियाँ कटाकर भाग के आए।

मामा स्वयं बादशाह का
फौजदार मैं एक लाख का,
सारे मुलुक पर कब्जा पाया
पर किला एक भी हाथ न आया।

समझ न आए गुपित सिवा के
सैनिक जैसे कि पुत्र स्वयं के,
जान की बाजी लगाकर लड़ते
हमें कितना लज्जित करते।

मुलुक सारा बेचिराग किया
रैयत को अति कष्ट दिया,
सहने का अब अंत है आया
खान का अब काल है आया।

शाहिस्ताखान की फौज विशाल
सीधे युद्ध में निश्चित हार,
प्रसंग है यह बेहद टेढ़ा
कैसे तोड़े फौज का घेरा।

अर्जुन को जैसे नेत्र पंछी का
अभिमन्यु को घेरा चक्रव्यूह का,
साधेंगे लक्ष लाल महल का
खान को अकेले मारने का।

अति विकट ये आयोजन
दिखती है पर आशा की किरण,
गर सटीक जो किया संचलन
मुहीम सहज होगी संपन्न।

मुहूर्त चैत्र अष्टमी का
रमजान के छठी रात का,
अष्टमी तिथि कृष्णजन्म की
अबकी बारी खान मामा की।

शिथिल चौकी की टोह लेके
घुसे मावले चारों तरफ से,
बारातों के रूप ही बिरले
बाराती हो जब सारे मावले।

द्वार पर आहट के होते
लाल महल के कपाट खुलते,
शिवा का देखकर रूप विकराल
खड़ा सामने हो जैसे काल।

शाहिस्ताखान थर्राया ऐसे
भागने मार्ग दिखेगा कैसे,
मात्र खिड़की का मार्ग दिख पाया
प्रहार शिवा का हाथ पर आया।

अँधेरे में खान भागा
दिल की धड़कन रुकता पाया,
जान बची तो लाखों पाए
उँगलियाँ गँवाकर भाग के आए।

खान की फौज को सूझ न पड़ी
शिवा खोजने निकल पड़ी,
मशाल ज्वाला दिखी घाट में
दौड़ लगा दी उसी बाट में।

एक बार फिर सिद्ध कर गए
बैलों को मिलने बैल ही आए,
खान भरपूर हताश हो गया
डेरे सहित कूच कर गया।

❑

सूरत से धन-संग्रह

(5 से 10 जनवरी, 1664)

दिनोदिन स्वराज्य के बढ़ते आकार और फौज में विस्तार के चलते धन की आवश्यकता महसूस होने लगी। पुरानी मुहीम के चलते शाहिस्ताखान ने भी काफी हानि पहुँचाई थी। ऐसी स्थिति में धन की व्यवस्था कैसे और कहाँ से हो, यह चिंता का विषय था। इस समय निजाम और आदिलशाह थोड़े शांत थे। अत: उनको छेड़ना अभी ठीक नहीं होगा। ऐसे में शिवाजी के गुप्तचर प्रमुख बहिर्जी नाईक खबर लाए कि सूरत एक बड़ा व संपन्न शहर है, साथ ही मुगलों का एक बड़ा व्यापारिक केंद्र है। यहाँ प्रचुर मात्रा में धन-संपत्ति है और अनेक रईस व्यापारी हैं तथा मुगलों का सर्वाधिक कर यहीं से एकत्र होता है। इस शहर की कोई दीवार या परकोटा नहीं है और फौज भी अधिक नहीं है। शहर का प्रमुख इनायतखान एक रिश्वतखोर, गैर-जिम्मेदार और ऐय्याश व्यक्ति है। शहर की रखवाली के लिए मात्र एक हजार सैनिक हैं और उनके पास शस्त्र-अस्त्र भी अधूरे हैं, किंतु दूरी बहुत अधिक है; 150 कोस यानी 300 मील, वह भी मुगलों के क्षेत्र से होकर। यह थोड़ा कठिन कार्य था। पर मुगलों की सुस्त राज-व्यवस्था से शिवाजी भलीभाँति

परिचित थे और धन-संग्रह करना अत्यंत आवश्यक था। अतः शिवाजी ने सूरत पर हमला करने का निर्णय लिया। आठ हजार की घुड़सवारी फौज और वापसी में संगृहीत धन लाने के लिए एक हजार खाली घोड़े। ऐसी थी शिवाजी की दूरदृष्टि और योजना। इस योजना को गुप्त रखने के लिए यह कहा गया कि मुगलों की सेना अहमदाबाद जा रही है। हमले का ज्यादा बोलबाला न हो, इसलिए रात भर घुड़दौड़ करते थे और दिन में विश्रांति लेते थे। यह उनके सैन्य संचालन का तंत्र था।

पहला पड़ाव त्र्यंबकेश्वर में डाला। लोगों में ऐसा आभास निर्माण किया कि शिवाजी तीर्थयात्रा पर आए हैं। साथ ही ऐसी भी अफवाह उठा दी कि शिवाजी औरंगाबाद पर हमला करने जा रहे हैं। इस कारण औरंगाबाद में मुगल फौज मुस्तैदी से तैयारी में लग गई। जंगल के रास्ते होते हुए शिवाजी सूरत के पास पहुँचे। अंग्रेजों को कहीं से खबर लगी कि शिवाजी सूरत पर हमला करने आ रहे हैं। उन्होंने इनायतखान को सूचित किया, पर उसने यह एक असंभव बात है, कहकर हँसी में उड़ा दिया।

इधर बहिर्जी नाईक अपनी गुप्तचर टोली के साथ भिन्न-भिन्न वेश बनाकर शहर की जानकारी एकत्र करने कई दिनों से लगे हुए थे; कोई माली के वेश में तो कोई चमार के रूप में, कुछ लोग सईस बने, तो कुछ मेहतर और भिखारी। सब लोग शहर के रईस व्यापारी और सुरक्षा व्यवस्था की जानकारी एकत्र कर रहे थे।

5 जनवरी, 1664 को शिवाजी ने सूरत से चार मील दूर आकर डेरा जमाया, जैसे ही यह वार्ता शहर में पहुँची, समूचे शहर में हा-हाकार मच गया। धनवान व्यापारी भयभीत हो गए और अपनी सुरक्षा के बारे में सोचने लगे।

शिवाजी ने अपना दूत इनायतखान के पास भेजा और खंडणी जमा करने का संदेश दिया। डर के मारे इनायतखान सूरत की गढ़ी के अंदर

जाकर द्वार बंद करके बैठ गया। ऐसे कठिन समय में भी जिन व्यापारियों ने धन की रिश्वत दी, उन्हें गढ़ी के अंदर लिया। शिवाजी ने शहर में डयौढ़ी पिटवाई कि स्वराज के लिए धन-संग्रह करने आए हैं। अत: सब लोग स्वयं आकर योगदान दें। सभी को दो दिन की मोहलत दी गई। जिन व्यापारियों ने स्वयं आकर धन जमा कराया, उन्हें अभयदान दिया।

दो दिन की अवधि के पश्चात् सेना को शहर में घुसने का आदेश दिया। सैनिकों को यह हिदायत दी गई थी कि गरीब, असहाय जनों को कष्ट न दिया जाए, और माँ-बहनों को स्पर्श भी नहीं करें, जो व्यापारी स्वयं आकर धन देते हैं, उनके साथ मृदु व्यवहार करें। जो व्यापारी आनाकानी करें, उनसे शक्ति प्रयोग कर धन एकत्र किया जाए। शहर में जो परोपकारी लोग हैं, उनपर आँच नहीं आनी पाए।

एक धनवान क्रिश्चयन व्यापारी था, वह अपनी पूरी जिंदगी दान करता रहा था। असहाय की मदद करता था। लोगों में उसके प्रति पूरी श्रद्धा थी। उसके निधन के पश्चात् उसकी विधवा अपने चार बच्चों के साथ रह रही थी। शिवाजी के आने की खबर सुनकर वह डर गई थी और दरवाजे बंद करके घर के अंदर छुपकर बैठी थी। घर के बाहर शिवाजी के सैनिक आने की आहट सुनकर वह और भी भयभीत हो गई और डर के मारे काँपने लगी। धीरे-धीरे समय कटता गया, पर सैनिक अंदर नहीं आए। पूरी रात बीत गई, पर कोई हरकत नहीं हुई, आखिर सुबह होने पर द्वार खोलकर बाहर आई और सैनिकों से कहा, आपको जो लेना हो, वह ले जाएँ, पर हमें छोड़ दें। इस पर सैनिकों ने कहा कि हमारे महाराज को आप के पति और परिवार के बारे में पूरी जानकारी है और हम आपकी सुरक्षा के लिए यहाँ खड़े हैं। यह सुनते ही वह महिला अचंभित हो आनंद विभोर हो गई।

कुछ व्यापारी अपना सोना और आभूषण पीपों में भरकर चोरी छिपे शहर के बाहर जाने का प्रयास कर रहे थे, सैनिकों की नजर पड़ी और

तीस पीपों से लदबद भरा हुआ सोना और आभूषण कब्जे में लिया।

तीसरे दिन इनायत का दूत बनकर एक पठान महाराज के डेरे पर आया। महाराज अपने सैनिकों के साथ एकत्र धनराशि का निरीक्षण कर रहे थे। महाराज को खलीता देने के बहाने वह उनके नजदीक आया और छुपाया हुआ छुरा निकालकर राजा पर वार कर दिया। महाराज का ध्यान उसकी तरफ नहीं था। उसका वार महाराज को लगने ही वाला था कि पास खड़े एक सैनिक ने तुरंत वार किया और उसे काट डाला। इस सब हलचल में शिवाजी नीचे गिर पड़े और पठान का खून का फव्वारा उन पर आ गिरा। महाराज को लहूलुहान देखकर दूर खड़े सैनिक आग बबूला हो गए और पूरे सूरत शहर में मार-काट मच गई। सूरत ज्वाला से भभक उठा। ऐसा प्रतीत हुआ मानो लंका दहन हो रहा है। शिवाजी महाराज को यह घटना मालूम होते ही उन्होंने अपने सैनिकों को शांति रखने का आदेश दिया।

पाँच दिन तक मराठा सैन्य धन-संग्रह करता रहा था। प्रचंड धन राशि एकत्र कर साथ लाए घोड़ों पर लादकर महाराज बिना रुके घुड़दौड़ करते हुए केवल आठ दिन में राजगढ़ के पास पहुँचे।

❑

सूरत से धन-संग्रह

स्वराज्य का आकार है बढ़ रहा
धन का आभाव अब पड़ रहा,
कैसे करें धन संचय को
उपाय नहीं कुछ सूझ रहा।

जिनका लक्ष्य स्वराज्य उजाड़ना
उनसे धन क्यों माँगना,
मुल्क हमारा जिन्होंने लूटा
उन्हीं से लेंगे हम हर्जाना।

करने एकत्र जानकारी
नजरबाज बर्हिजी के संगती,
पागेदार, भिखारी, माली,
सुतार और चमार भी बना।

व्यापार केंद्र था सूरत का,
फीका ऐश्वर्य कुबेर का,
सुवर्ण रत्नों का भंडार भरा
यहीं से करें अभाव पूरा।

तटबंदी ना गाँव को वेश
सभी तरफ से सहज प्रवेश,
फौज नहीं यहाँ रक्षण को
करना पार लंबी दूरी को।

रखने मुहीम की पूर्ण गुप्तता
मुगल सैन्य का आभास बनाया,
दिन विश्रांति घुड़दौड़ रात्रि की
आठ हजार की फौज साथ थी।

अभियान की रखी पूरी गुप्तता
मार्ग दिखाने हेर साथ था,
साथ ले जाने भंडार धन के
प्रचुर संख्या में खाली अश्व थे।

स्पर्श न करे माँ बहनों को
कष्ट न देवे दीन गरीब को,
धर्मस्थान में प्रवेश न करना
फौज को ऐसे आदेश दिया।

संदेश भेजा इनायत खान को
धनसंग्रह कर जमा करने को,
डर के मारे काँप उठा
गढ़ के अंदर जा बैठा।

दवंडी पिटवाई किया पुकारा
उच्च, रईस समाज सारा,
लेकर आए धन राशि को
न करने पर भोगे सजा को।

स्वराज्य की कर रहे स्थापना
धन-संग्रह इसलिए है करना,
चाहता हूँ सहयोग सभी से पाना
हिंदवी राज का यही है कहना।

सहयोग सारे जन से पाया
स्वराज में धन प्रचुर आया,
सूरत को बेसूरत किया
शिवराया का जयकार हुआ।

❑

जीजा माता की याचना

सूरत से विशाल धनराशि लेकर वे अत्यंत प्रसन्नावस्था में राजगढ़ पहुँचे। यहाँ किले के द्वार पर उनका परंपरागत स्वागत नहीं हुआ, जिससे शिवराया का मन आशंकित हुआ। किले पर उन्हें एक अत्यंत दुखद वार्त्ता मालूम पड़ी कि उनके पिता शहाजी राजा का बंगलूर में निधन हो गया है और जीजामाता ने सती हो जाने का निर्णय लिया है तथा उसकी तैयारियाँ भी प्रारंभ हो चुकी हैं।

इस वार्त्ता को सुन शिवाजी को आघात पहुँचा और अत्यंत दुःखी मन से वे अपनी माँ से विनय करते हुए कहते हैं—

❑

जीजा माता की याचना

जाओ ना मुझे छोड़कर माता
बिना आपके मैं कैसे जी पाता,
छत्र पिता का छिन गया है
आपने क्या व्रत ये रखा है,
जिऊँ मैं कैसे अनाथ होकर
जीवन में क्या रह जाएगा।
जाओ ना…

बचपन से मुझे पाला–पोसा
श्रेष्ठ जनों का चरित्र सुनाया,
कथा से आपने शौर्य जगाया
स्वराज्य हिंदवी नजर है आता।
जाओ ना…

सारे मावले जुड़े स्नेह से
मातृसम आपके प्रेम से,
स्वराज्य हिंदवी बीज रोपके
करती हैं क्यों खंडित आशा?
जाओ ना…

मावले जोश से हुए खड़े
यवनों के संग जंग लड़े,
युद्धभूमि में विजय पाई
जीवन-रण क्यों बीच में छूटे?
जाओ ना···

हिंदवी स्वराज्य स्थापित होगा
सुरक्षित होंगी बहनें माता,
नेत्रों से अपने स्वयं देखना
खुशहाल होगी सारी जनता।
जाओ ना···

छोड़ा था क्यों पितृगृह को?
सहा था क्यों पति विरह को?
पाला था क्यों स्वराज्य स्वप्न को?
माता से क्यों विलग मैं होता?
जाओ ना···

कहो न मुझे क्या है परंपरा
जीवन मार्ग अनुचित ये पूरा,
सुधारी आपने अनेक परंपरा
अग्निदाह ये क्यों है भाता?
जाओ ना···

राज्य हिंदवी स्थापित होगा
श्री का आशीष सुफल होगा,
छत्रपति ये शिवबा होगा
सुभाशीष तब कौन देगा?

आखिर में मैं यही हूँ कहता
संग आपके मैं भी आता,
दूजा कोई मार्ग न दिखता
और अधिक मैं क्या कर सकता।
बोलो माता···बोलो माता!

❑

सिंधुदुर्ग

15 नवंबर, 1664–1669

सूरत से प्रचुर धन संग्रह होने के कारण महाराज की चिंता अब लगभग समाप्त हो गई थी। अब राजा ने अपने किले मजबूत करना प्रारंभ किया। मुरुड जंजीरा किले का नवाब सिद्धि, अंग्रेज और पुर्तगाली सेनाएँ भी स्वराज्य की तरफ निगाहें जमाए बैठी थीं। राजा ने सोचा कि इस समस्या के निदान के पहले अपनी जलसेना अर्थात् आरमार मजबूत होना चाहिए।

कोंकण की मुहीम के दौरान शिवाजी मालवण के किनारे पर आए थे। वहाँ समुद्र तट पर उन्होंने एक टापू देखा। जानकारी लेने पर मालूम हुआ कि वह कुरूटे नाम का एक ऐसा द्वीप है, जो चारों तरफ से गहरे पानी से घिरा है। राजा तुरंत द्वीप पर पहुँचे और पाया कि यहाँ मीठे पानी के तीन कुंड हैं, साथ ही काले पत्थर के मजबूत किनारे भी हैं, जहाँ तक जहाज आसानी से आ–जा सकते है। नजदीकी गाँव मालवण का किनारा भी दूर नहीं है।

प्रकृति की गोद में एक दम सुरक्षित यह टापू राजा के मन को भा गया और उन्होंने वहाँ जलदुर्ग बनाने का निश्चय कर लिया, इस कार्य की जिम्मेदारी गोविंद प्रभु इंदुलकर को सौंपी गई।

कुरूटे द्वीप का निरीक्षण करते समय राजा के ये उद्गार थे—

सिंधुदुर्ग

बने यही अपना जंजीरा
कुरूटे द्वीप ये सागर तट का,
समीप मालवणी वो किनारा
जल दुर्ग का यही सहारा।
बने यही···

उचित स्थान यह नहीं किनारा
और न ऐसा स्थान दूसरा,
पाषाण मजबूत ऊँची है धरा
अखंड बहती गंगाधारा।
बने यही···

सिंधु लहरों की स्फूर्ति देखिए
तरुणों की जैसे शक्ति चाहिए,
मन में अनंत आशाएँ जगतीं
भय अपयश का न हो जरा भी।
बने यही···

मराठ भूमि का लंबा किनारा
विदेशियों का सदैव हमला,
दक्ष करें अपने अरमारा
करेंगी रक्षण सिंधुधारा।
बने यही···

तटबंध सहे सागर धारा
बुरुज से दिखे चहुँओर नजारा,
गुप्त स्थान पे द्वार प्रवेश का
मजबूत ऐरन ठोस बंधारा।
बने यही...

निपुण कर्मियों का आह्वान करो
रहने का यही प्रबंध करो,
आंग्ल जनों से संपर्क करो
साधन सारे श्रेष्ठ वापरो।
बने यही...

मन में ना हो जरा भी चिंता
विपुल है संचय धनराशि का,
सूरत में प्रचुर जमा किया
नहीं कमी अब धन की जरा
बने यही...

रखो फौज का कड़ा पहरा
कार्य में आए न विघ्न जरा,
विदेशियों को होवे ईर्ष्या,
सिंधुदुर्ग हो श्रेष्ठ हमारा,
सिंधुदुर्ग हो श्रेष्ठ हमारा।

❑

मिर्जा राजा जयसिंह

11 जून, 1665

शिवाजी महाराज का बढ़ता हुआ प्रभाव देखकर मुगल सम्राट् औरंगजेब बेहद चिंतित था। जन सामान्य में भी शिवाजी राजा के प्रति कुतूहल, आस्था और स्नेह उमड़ने लगा था। औरंगजेब का अपना मामा शाहिस्ताखान पराजित होकर लौट आया था। कोंड़ाणा के पास दस हजार की फौज के साथ जसवंतसिंह जैसा वरिष्ठ वीर सरदार हाजिर होने के उपरांत भी शिवाजी ने 250 मील की दूरी पर बसे सूरत पर आक्रमण कर दिया था। ध्यान रहे, यह कारनामा मुगल क्षेत्र को लाँघकर किया गया था। शिवाजी की इन गतिविधियों को अब रोकना अत्यंत जरूरी है, यह निश्चय कर औरंगजेब ने अपने दरबार के सबसे वरिष्ठ शूरवीर, मुत्सद्दी हिंदू सेनानी मिर्जा राजा जयसिंह को शिवाजी राजा से लोहा लेने की जिम्मेदारी सौंपी।

मिर्जा राजा ने लक्षचंडी यज्ञ एवं शिव का अभिषेक करके अपना अभियान शुरू किया। पूर्व के सेनापतियों और सरदारों ने जो गलतियाँ की थीं, उनको मिर्जा राजा ने टाला। शिवाजी के किलों की तरफ ध्यान न देते

हुए उन्होंने प्रदेश को तहस–नहस करना आरंभ किया, जनता को त्रस्त करने पर जोर दिया। शिवाजी महाराज की समझ में आ गया कि अब मामला कुछ अलग है।

राजा ने हर तरह से मिर्जा राजा के मन को परिवर्तित करने का प्रयास किया। पर मिर्जा राजा संपूर्ण शरणागति के सिवाय किसी दूसरे विकल्प के लिए राजी नहीं हुए। अंत में शिवाजी राजा को संपूर्ण शरणागति स्वीकारनी पड़ी।

एक शिवभक्त हिंदू राजा ने शिव के अवतार को एक मुसलिम शासक के समक्ष शरणागत होने पर बाध्य किया।

शिवाजी राजा के मन में अत्यंत क्रोध भरा हुआ था, पर मिर्जा राजा उम्र में बड़े और स्वयं पराजित–शरणागत। इस कारण महाराज मिर्जा से कुछ कह नहीं सकते थे। हे देव! कैसी विडंबना है ये कि…

इस दुविधा के बीच महाराज शिवाजी ने राजा मिर्जा राजा से कहा—

❑

मिर्जा राजा जयसिंह

चरणों में आपके रखता मैं माथा
हिंदराज रूप में आपको गर देखता

कर देता अपना जीवन सारा अर्पण
प्रदेश गढ़ और प्राण समर्पण
राजपूतों का स्वाभिमान आपको पता
स्वीकार क्यों की मुगलों की दासता?

लोप हुई क्या ध्वनि, प्रताप के खड़गों की
बुझी क्या अग्नि, पद्मिनी के जौहर की,
भूले नाद क्या चेतक की टापों का
कहाँ खो गई आपके अंदर की अस्मिता?

वीरता के बोल सुनकर मन को आए जागृति
मृत मन को जाग्रत् करना, कठिन है अति,
मृत है स्वाभिमान जिनका, उन्हें क्या कह सकते
आई क्यों न लज्जा, चरणों में उनके झुकते।

भाग पलटा है देखो, अपनी भारत माता का
विपरीत घूमता दिखता है, चक्र भी काल का,
शिवभक्त चला है, हरने प्राण शिवा का
शिव यज्ञ करे, पाने आशीष शिव का।

जेष्ठ आप हैं, श्रेष्ठ आप हैं जानकार दाता
करिए पुनः जीवित तब शक्ति की गाथा,
एक अपना धर्म देश भी एक ही होता
साथ मिलकर रखे हिंदू धर्म की प्रभुता।

संगठित हिंदुओं के आगे बिसात क्या मुगलों की
बनकर राजा करो स्थापना हिंदवी राज्य की,
धन्य मानूँगा सेवा हिंदू राष्ट्र की करते
शपथ भवानी की लेता हूँ वचन मैं ऐसा देते।

क्षमा कीजिए छोटे मुँह बात बड़ी कर दी है
जब दाह है मन में, मूक कैसे रहूँ मैं,
विजेता आप शरणागत मैं होकर
आगरा को जाऊँगा आज्ञा यह मानकर।

❑

शिवाजी राजा को नसीहत

15 जून, 1665

मिर्जा राजा जयसिंह के समक्ष संपूर्ण शरणागति स्वीकार करनी पड़ी। ऐसी अवस्था में शिवाजी राजा अत्यंत निराश, हतोत्साहित व संतप्त हो गए। राजगढ़ पहुँचकर किसी से बिना कुछ कहे शयन कक्ष में जाकर दरवाजा बंद कर लिया। बाहर सोयरा बाई, पुतला बाई व अन्य रानियाँ पंत प्रधान मोरोपंत उनकी राह देख रहे थे। रात हुई, भोजन का समय टल गया। सभी चिंतित थे। प्रात:काल हुआ, मध्याह्न का समय भी टल गया, लेकिन शिवाजी के शयनकक्ष का द्वार नहीं खुला।

संभाजी को बंधक के रूप में ले जाने के लिए आए मिर्जा राजा जयसिंह के प्रधान उग्रसेन कछवाह और अन्य दरबारी प्रतीक्षा कर रहे थे। अंतत: रानी सोयराबाई ने यह खबर जीजामाता को दी।

जीजामाता ने आकर शिवबा को आवाज दी। दरवाजे की कुंडी खुली। जीजामाता ने कक्ष में प्रवेश किया। अपने शिवबा का रूप देखा। बिखरे हुए बाल, सूजी हुई आँखें, तनी हुई भवें और कसी हुई मुट्ठियों से, वे जीजामाता से बोले, इस पराजय से मन निराश हो गया है और अब

जीने में कोई अर्थ नहीं रहा। अब तो प्राण त्यागना ही एकमेव मार्ग है, अब यही स्वीकारना होगा।

एक यशस्वी राजा होने की राह पर अग्रसर हो रहे अपने वीर पुत्र के मुख से ये बातें सुनकर जीजामाता का मन दुःख से भर आया। आँखों से अश्रु बहने लगे, मन में संचित यादें और भविष्य के लिए सँजोई आशाएँ आँखों में तैर गईं। फिर भी मन को कठोर कर शिवाजी की तरफ देखते हुए वे बोल पड़ीं—

❑

शिवाजी राजा को नसीहत

निपूती मैं रह जाती, पुत्र न ऐसा चाहा था,
कायर पुत्र की माता कहलाऊँ, कभी न ऐसा सोचा था।

जा रही थी पति संग, होकर मैं सती
तुम्हीं ने अपने हट से, बदली हमारी मति।

स्वनेत्रों से देखकर, क्यों भोगूँ सजा ये मैं?
तुम्हीं बताओ कमी रह गई, कहाँ हमारी शिक्षा में?

जय–पराजय जीवन में होते, मात्र एक घटना,
स्वनियोजित कार्य निभाना, यही खरी साधना।

प्रभुराम को भी देना पड़ी थी, ऐसी कठिन परीक्षा,
रणछोड़ हो के भी जगत् में, विजयी हुए श्रीकृष्ण।

स्वाभिमान को कहाँ बचाना, अहंकार को कहाँ त्यागना,
बृहन्नला और वल्लभ भी, पड़ा पांडवों को बनना।

हताश क्षण में प्राण त्यागना, है अगर विचार,
मुगलों से एकले लड़ो, लिये हाथ तलवार।

आत्महत्या के पातक से, मार्ग है ये भला,
मानूँगी पुत्र शहीद हुआ, पर कायर न निकला।

देश सारा देख रहा, तुम्हें अब आशा से,
रक्षक हो अब तुम्हीं प्रजा के, क्या तुम नहीं जानते?

समर्थ स्वामी के शिष्य कहलाते, सामर्थ्य अपना जगाओ,
शरणागति के इन काँटों में, पुष्प नए खिलाओ।

कष्ट संकटों से हताश होना, नहीं राजा के लक्षण,
स्वराज्य हिंदवी कार्य का, तुम्हीं करो रक्षण।

कहना अधिक न पड़े, तुम हो स्वयं सुजान,
स्वराज्य हिंदवी कार्य साधो, या गँवाओ प्राण।

❑

आगरा से पलायन

13 अगस्त, 1665

जीजामाता द्वारा दी गई नसीहत, समझाइश के कारण शिवाजी राजा पुन: सँभले और मिर्जा राजा से हुए समझौते के अनुसार, पुत्र संभाजी और अपने 300 साथियों के साथ आगरा पहुँचे। मुगल सम्राट् औरंगजेब के पचासवीं सालगिरह के उपलक्ष्य में आयोजित दरबार में शिवाजी राजा को अपमानित किया गया, इससे संतप्त होकर राजा दरबार छोड़कर निकल गए। मिर्जा राजा जयसिंह ने शिवाजी के प्राणों की हामी दी होने के कारण औरंगजेब शिवाजी राजा को मार भी नहीं पा रहा था, ऐसे में उसने अपने सरदार फौलादखान की निगरानी में राजा को कैद में रखा और उन्हें मारने का मार्ग सोचने लगा। अब यहाँ से निकलना होगा, ऐसा विचार कर राजा ने अपने साथियों के साथ मंत्रणा की और एक योजना बनाई।

राजा के साथ निराजी रावजी, येसाजी कंक, त्रिंबक डबीर, रघुनाथ कोरडे, बहिर्जी नाईक, मदारी मेहतर आदि 300 लोग थे। इतने लोगों का यहाँ कुछ काम नहीं है, अत: थोड़े से लोग यहाँ रखकर बाकी लोगों को

वापस जाने की इजाजत दी जाए, ऐसा निवेदन सम्राट् औरंगजेब को किया। दूसरी तरफ राजा ने बीमार होने का स्वाँग किया। सभी तरह के वैद, हकीमों के इलाज से भी आराम नहीं हो रहा है, इसलिए साधु-संत, फकीर और गरीबों को दान-धर्म करना आरंभ किया।

बड़े-बड़े पिटारों में भरकर मिठाई, फल आदि दानस्वरुप भेजा जाने लगा।

शुरुआती दिनों में इन पिटारों की कसकर जाँच होती थी। थोड़े दिनों में पहरेदार इसके आदी हो चुके तथा निगरानी शिथिल हो गई। ऐसे समय में एक दिन शिवाजी राजा अपने पुत्र संभाजी के साथ पिटारे में बैठकर निकल भागे।

इधर हिरोजी शिवाजी राजा के भेष में तख्त पर सोया हुआ था। राजा की तबीयत बहुत खराब है, इसलिए दवा लेने के लिए मदारी गया। जब मदारी को गए हुए काफी देर हो गई, तब हिरोजी पहरेदारों को बोला, दवाई जल्दी चाहिए, मैं जाकर ले आता हूँ, राजा को झपकी लगी है, आप उन्हें परेशान न करें, मैं अभी आता हूँ, ऐसा बोलकर हिरोजी बाहर गया। हीरोजी को गए हुए बहुत देर हो गई, अभी तक वह वापस नहीं आया और राजाजी की भी कोई हलचल दिखाई नहीं दे रही थी, इससे पहरेदार शंकित हुआ और अंदर देखने गया, तो अंदर क्या देखता क्या है कि अंदर कोई भी नहीं है। अत्यंत भयभीत अवस्था में पहरेदार मुगल सम्राट् औरंगजेब को बता रहा है कि—

❑

आगरा से पलायन

गजब हो गया, गजब हो गया,
आलमपनाह गजब हो गया!
शैतान सिवा गायब हो गया!

बताया मुझे उन दीवारों ने
सुनाया मुझे वहाँ पवन ने,
कारस्तान ये कैसे किया
पलायन कैसे आयोजित किया?

शंकित थे वो मरहट्टे
आगरा मिलने को आते,
मिर्जा ने आश्वासन देते
शिवलिंग को बेल उठाते,
अजब हो गया, अजब हो गया
आलमपनाह अजब हो गया!

हुआ दरबार में अपमान बड़ा
रण में था, जिनको पछाड़ा,
पीछे उनके किया खड़ा
इससे भड़का सिवा का माथा,
खफा हो गया, खफा हो गया
आलमपनाह खफा हो गया!

राजा है वो दक्खन का
इनाम देता खिल्लत का,
खिल्लत उसे दरबार में देते
अपमानित उसे करते,
जुल्म हो गया, जुल्म हो गया
आलमपनाह जुल्म हो गया।

रामसिंह का वचन था जब तक
सुरक्षित खुद को माना तब तक,
फौलादखान की आती फौजें
चूहे को मौत का संकेत मिला,
सतर्क हो गया, सतर्क हो गया
आलमपनाह सतर्क हो गया!

रुकना यहाँ नहीं अधिक
बुलाए सारे साथी नजदीक,
काफिरों का भेजा तीक्ष्ण अधिक
कारस्तान बना गुपित
काम कर गया, काम कर गया
आलमपनाह काम कर गया!

सारे साथियों को रवाना किया
चुनिंदा को साथ रख लिया,
बीमारी का ढोंग बनाया
दान-धर्म का नाटक रचाया,
धूल झोंक गया, धूल झोंक गया
आलमपनाह धूल झोंक गया!

मिठाई फल के वो पिटारे
गरीबों के लिए रोज भेजे,
सारों को हमने रोज देखा
था न उसमें और दूजा
धोखा दे गया, धोखा दे गया,
आलमपनाह धोखा दे गया।

कल शाम बुखार चढ़ा
कराहने का आवाज बढ़ा,
मदारी लेने दवाई निकला
हिरोजी हकीम खोजने चला,
दगा कर गया, दगा कर गया
आलमपनाह दगा कर गया!

सोए हुए थे राजे ओढ़कर
दूजा न था कोई अंदर,
समय ऐसा बहुत गया
पहरेदार शंकित हुआ,
देखने वो गया, देखने वो गया
आलमपनाह देखने वो गया!

कोई भी नहीं था अंदर
गद्दे तकिए थे सेज पर,
सुरंग बिल न दरवाजा
गायब फिर भी हरामजादा,
जादू कर गया, जादू कर गया
आलमपनाह जादू कर गया!

अल्ला जाने कहाँ खो गया
शायद वो तो हवा हो गया,
या धरती में समा वो गया
गजब हो गया, गजब हो गया,
आलमपनाह ग़जब हो गया!
शैतान शिवा गायब हो गया!!

❑

सिंहगढ़

4 फरवरी, 1670

आगरा की कैद से पलायन कर शिवाजी ने अपना और संभाजी का वेश बदला। संभाजी को एक ब्राह्मण पुत्र का वेष दिया। आगरा से सीधे पूना की तरफ जाने के बजाय वे उत्तर में मथुरा गए। पिता-पुत्र की जोड़ी देखकर पकड़े जाने की संभावना है, यह जानते हुए संभाजी को मथुरा में कृष्णाजी पंत के यहाँ छोड़ दिया। राजा स्वयं एक साधु का वेष धारण कर मथुरा से काशी दिशा में चल पड़े। अगस्त का महीना, घनघोर वर्षा, नदी-नाले पूरे ऊफान पर थे, ऐसे समय में मात्र 28 दिनों में काशी, प्रयाग, गया होते हुए लगभग 2200 किमी. की दूरी पार कर लगातार घुड़दौड करते हुए राजगढ़ के पास पहुँचे। यह भी अपने आप में एक अनोखा कार्य था।

साधु के वेष में राजा राजगढ़ के द्वार पर पहुँचे। द्वारपाल से कहा कि जीजामाता के दर्शन करने हैं, राजगढ़ किले पर उस समय अत्यंत कड़ी सुरक्षा थी, अतः इन अनजान साधुओं को गढ़ पर जाने से रोका गया। जीजामाता अभी किसी से भी मुलाकात नहीं कर रही हैं, आप अपनी

दक्षिणा लेकर पधारें। ऐसा सुनने पर साधु हठ कर बैठे कि जीजामाता से मिले बगैर वे कुछ भी ग्रहण नहीं करेंगे। तब पुन: जीजामाता को संदेश दिया गया। बड़े दु:खी मन से जीजामाता ने साधुओं को मिलने के लिए बुलाया। अलख निरंजन का घोष करते हुए जब साधु बैठक कक्ष में पहुँचे तो जीजामाता उन्हें प्रणाम करने के लिए झुकने लगीं, तब एक साधु उनके चरणों में गिर पड़ा। ''स्वामीजी आप यह क्या कर रहे है?'' ऐसा कहते हुए जीजामाता साधु को उठाने लगीं, तब सामने के मुखमंडल को देखकर माता अचंभित रह गईं। बोलीं, ''अरे ये तो शिवबा हैं!'' और अत्यंत प्रसन्न मन से अपने पुत्र को गले लगा लिया। साक्षात् मृत्यु के द्वार से मात्र चार माह के समय में राजा के सुरक्षित आने के खुशी में संपूर्ण स्वराज्य में आनंद की लहर दौड़ उठी।

खुशी के क्षण से उभरने के पश्चात् जब संभाजी के बारे में पूछताछ हुई, तब राजा ने अत्यंत दु:खी मन से बताया कि संभाजी की मार्ग में ही मृत्यु हो गई। इस वार्त्ता की विश्वसनीयता बनाने के लिए राजा ने संभाजी का श्राद्ध भी कर दिया। यह बात औरंगजेब को मालूम होने पर शिवाजी और संभाजी की खोज थम गई। तीन माह के समय पश्चात् संभाजी को सुरक्षित राजगढ़ पर लाया गया।

राजगढ़ सुरक्षित पहुँचकर शिवाजी राजा ने स्वराज्य को एक बार फिर से व्यवस्थित करने का कार्य प्रारंभ किया, मुगलों को दिए हुए किले एक बार फिर से स्वराज्य में शामिल होने लगे। एक दिन जीजामाता और शिवराया आपस में चर्चा कर रहे थे, तभी खबर आई कि राजा के सिपहसालार और बालसखा तानाजी मालूसरे अपने पुत्र के विवाह का निमंत्रण देने आए हैं, तानाजी ने आते ही दोनों की ओर देखा और चेहरे पर चिंता का कारण पूछा, जीजा माता बात टाल गईं।

तानाजी बोले, माँ साहेब, क्या हम आपको पहचानते नहीं? हम

सभी आपको बचपन से देखते आए हैं, मगर आज जरूर कुछ गंभीर बात है। तब जीजा माता ने खिन्न मन से कहा, ''सामने कोंडाना किले पर हरे रंग का झंडा देखकर मन कुछ अस्वस्थ है।''

तानाजी बोले, ''माताजी, इसमें दु:खी होने की क्या बात है। आप जब आदेश करें, कोंडाना ले लेंगे।''

जीजा माता बोलीं, ''अभी तो तुम अपने पुत्र के विवाह को संपन्न करो, कोंडाना का बाद में देखेंगे।''

इस पर तानाजी बोले—

❑

सिंहगढ़

लगीन पहले कोंडणे का,
गर्जन ऐसे तानाजी का।

चिंतातुर क्यों माई जिजाई
नेत्रों में देती व्यथा दिखाई,
अरुणोदय के पूर्व देखना
वहाँ नभ पर भगवा पटका।

हिंदवी राज्य को समर्पित जीवन
स्वराज्य के लिए ये तन–मन,
थामूँगा आयोजन विवाह का
लगीन पहले कोंडाणे का।

काल रात शुभ ये आई
नेत्रों को न देता हाथ दिखाई,
हाथ में डोर यशवंती का
बौना ठहरा तट भी गढ़ का।

संग तीन सौ वीर मावले
कैसे आए मुगल न जानें,
हाथ खड्ग में विद्युत् झलकता
देख दुश्मन अचंभित होता।

खड्ग युद्ध के फेरे चलते
उदयभानु तानाजी भिड़ते,
साक्षात् दो सिंह लड़ते
भीषण नाद नभ में उठते।

घाव कितने नहीं है गिनती
शक्ति अपनी पूरी झोंक दी,
दोनों के होते ही धराशायी
थर्रा उठी थी सारी धरती।

मुड़ो रे पीछे कहाँ भागते
सूर्याजी के बोल सुनते,
पलट मावले वार करते
वीर वो गढ़ काबिज करते।

गढ़ आया पर सिंह गया
दु:ख से बोले शिवराया,
अमर करने वीर स्मृति को
सिंहगढ़ नाम दे कोंडाणे को।

❑

छत्रपति शिवाजी महाराज का राज्याभिषेक

(6 जून, 1674 जेष्ठ शुक्ल त्रयोदशी शके 1596)

धीरे-धीरे स्वराज्य का कामकाज व्यवस्थित होने लगा था। अधिकतर गढ़ भी मुगलों से छीनकर स्वराज्य में शामिल कर लिये गए थे। सिंधुदुर्ग भी पूर्ण होकर स्वराज्य में सेवारत हो गया। शक्तिशाली आरमार भी खड़ा हो गया था। ये सब करने में अपार धन खर्च हुआ और फिर से धन की कमी महसूस होने लगी। एक बार फिर सूरत जाकर धन-संग्रह कर लिया गया। रैयत में भी स्वराज्य के प्रति विश्वास, अभिमान और स्नेह जाग्रत् हुआ था। यवनों का हमला भी नगण्य हो गया था।

सही मायने में स्वराज्य के रूप में सुराज की स्थापना हो रही थी। स्वराज्य की स्थापना करते समय शिवाजी महाराज ने अनेकानेक बातों पर ध्यान दिया। जन सामान्य की सुरक्षा, माताओं और स्त्रियों को बेहतर जीवन, वतनदारी का खात्मा, उर्वरत खेती के लिए उन्नत बीज तथा खेती के उपकरण, किसानों को कर्ज की व्यवस्था, खेती पर उचित लगान,

पूर्णकालिक सैन्य व्यवस्था, सैनिकों को प्रशिक्षण, उन्हें नियमित वेतन, युद्ध में शहीद व हताहत सैनिकों के परिवारों का मुआवजा, वीरों का सम्मान व बढ़ोतरी, नए गाँव बसाकर वहाँ रहवासियों के लिए समग्र व्यवस्था, भाषा सुधार के लिए राज्य व्यवहार कोष, पंचांग सुधारने के लिए करणकौस्तुभ, धर्म सुधारने के लिए धर्मांतरित लोगों की हिंदूधर्म में वापसी, पंडितों का सम्मान, सर्व सामान्य जनों को सहज सुलभ न्याय व्यवस्था, गढ़ों और किलों का निर्माण तथा पुराने किलों को सुदृढ करना, किलों पर समुचित सैनिक संच तथा रसद भंडार, सुदृढ अश्वदल और सैनिक, समुद्री मार्ग पर नियंत्रण के लिए सशक्त आरमार तथा जलदुर्ग, व्यापार व्यवसाय में समुचित कर व्यवस्था। यह सब राजा ने स्थापित किया। सैनिकों को सख्त ताकीद थी कि राज्य में किसी से भी छोटी सी वस्तु भी बिना मूल्य चुकाए नहीं लेनी है, यहाँ तक कि खेत में से एक दाना भी उठाना अपराध की श्रेणी में आता था। अपराधियों को कड़ी-से-कड़ी सजा दी जाती थी।

इन सब के कारण स्वराज्य में संपूर्ण जनता सुखी और आनंदित थी। संपूर्ण हिंदुस्तान में इस बात की कीर्ति फैल रही थी।

ऐसे समय में काशी के मुख्य पुरोहित प्रकांड पंडित गागाभट का स्वराज्य में आगमन हुआ। गागाभट ने आग्रह किया कि संपूर्ण हिंदुस्तान में मुसलिमों का वर्चस्व बना हुआ है, हिंदू अपने ही देश में असुरक्षित हैं। ऐसी परिस्थिति में शिवाजी राजा ही संपूर्ण हिंदुस्तान के लिए आशा की एकमात्र किरण हैं। सम्राट् चंद्रगुप्त मौर्य के पश्चात् एक भी सिंहासनाधीश हिंदू राजा पूरे हिंदुस्तान में नहीं हुआ है, यादव वंश भी काफी पहले समाप्त हो चुका है। ऐसे वक्त यदि हिंदूधर्म और हिंदूजनों का रक्षण करना है तो शिवाजी को छत्रपति राजा घोषित किया जाना चाहिए। पंडित गागाभट के इस विचार का माता जीजाबाई और सारे

मंत्रिमंडल ने पूरे जोश से समर्थन किया और सारे मावलों का तथा संपूर्ण मराठा क्षेत्र का प्रिय शिवबा का विधि-विधान के साथ एक भव्य समारोह में राज्याभिषेक किया गया और वे महान् पराक्रमी छत्रपति शिवाजी महाराज कहलाए। तिथि थी जेष्ठ शुक्ल त्रयोदशी, शके 1596 अर्थात् दिनांक 6 जून, 1674।

❑

छत्रपति शिवाजी महाराज
का राज्याभिषेक

क्षत्रियकुलावतंस, सिंहासनाधीश्वर, गोब्राह्मण प्रतिपालक, हिंदुपत पातशहा श्रीमंत श्री छत्रपति शिवाजी महाराज की जय

क्षण हर्ष का आज है आया,
छत्रपति हुए शिवराया!
पंच शतक कालरात्रि का
खत्म हुआ काल दुःख स्वप्नों का,
नव किरणें क्षितिज छूते ही
ध्वज भगवा नभ में फहराया।
छत्रपति···

दीप जल उठे फिर मंदिर में
धरा ओढ़े हरित चादरें,
आनंदित नारी हर घर में
मंत्र पावन नभ में छाया।
छत्रपति···

युग निर्माता कोख ने पाया,
धन्य हो गई जीजाई माता
घड़ा यत्न से बालक मन को।
छत्रपति पद पुत्र ने पाया
छत्रपति···

हिंदू रक्षक प्रिय शिवराया
हिंदवी राज्य का आधार बनाया,
मातृभूमि संपन्न करने
समर्थ आशीष से सफल हुआ।
छत्रपति···

संगठित मावलों की शक्ति
शौर्य दिखे प्रत्यक्ष रणचंडी,
यवनों की रण में हुई दुर्गती
हर–हर महादेव मंत्र हुआ।
छत्रपति···

अन्यायी का कर्दनकाल
न्याय युग का ये उषकाल,
शिवबा के कर्तृत्व विशाल
स्वराज्य स्थापने सफल हुआ।
छत्रपति···

निर्माता हिंदवी राज्य का
स्वयं विधाता स्वराज्य का,
राज्य यह 'श्री' का मुख से बोला
शिव अवतार हैं ये शिवराया।
शिव अवतार हैं ये शिवराया

❑

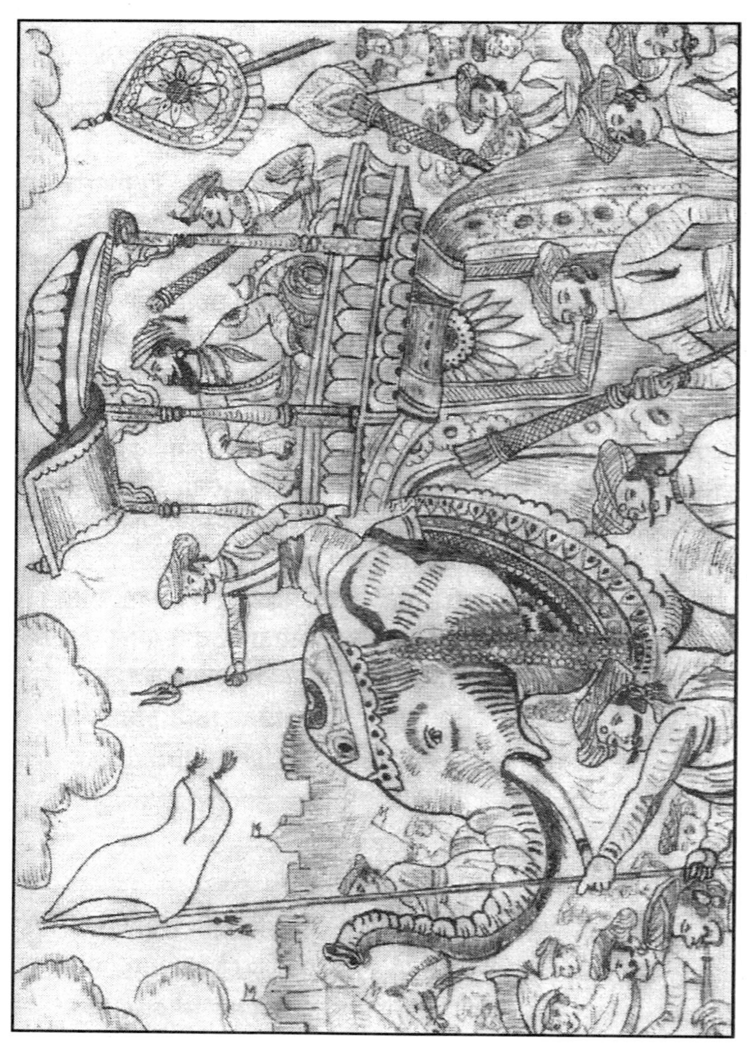

दक्षिण विजय

6 अक्तूबर, 1676 से जून 1678

राज्याभिषेक के बाद शिवाजी महाराज अब 'छत्रपति शिवाजी महाराज' हो गए। अब राज्य की सीमाएँ बढ़ाना जरूरी हैं, अतः उन्होंने दक्षिण मुहीम का मनसूबा बनाया। 6 अक्तूबर, 1676 को शिवाजी महाराज ने अपनी मुहीम प्रारंभ की। दक्षिण मुहीम का मुख्य उद्देश्य दक्षिण के सभी राज्यों को एकत्र करना था। दक्षिण की इस मुहीम में राजा 50 हजार की फौज, जिसमें 20 हजार पथक तथा 30 हजार घुड़सवारों को लेकर निकले थे। स्वराज्य के इतिहास में पहली बार महाराज इतनी विशाल सेना लेकर शिवाजी राजा निकले थे।

प्रथम कुतुबशाह से मैत्री-भेंट के बाद कोप्पल, कुर्तुल, श्रीशैल, कोलार, वेल्लूर, काँचीपुरम, तिरुचिरापल्ली, जिंजी होते हुए तंजावूर आए, अपने कनिष्ठ बंधु एकोजी उर्फ व्यंकोजीराजे से भेंट कर बैंगलौर, होसपेठ, बेलापुर, गडग क्षेत्र पर आधिपत्य जमाते हुए जून 1678 को रायगढ़ आए।

दक्षिण की यह मुहीम शिवाजी राजा की सर्वाधिक समय के साथ और सर्वत्र सहज विजय हासिल करनेवाली हुई।

इस अभियान पर जाते हुए अत्यंत प्रसन्न मन और उत्साह से भरे दिल से शिवाजी राजा के सैनिकों के उद्‌गार थे—

दक्षिण विजय

चलो-चलो रे वीर मावलो!
दक्षिण विजय को जाएँ चलो,
हिंदवी राज्य की है यह सेना
आओ स्वराज्य बढ़ाएँ चलो!

छत्रपति है अपना राजा
स्वराज्य की ये करे स्थापना,
राज्य के प्रति अपनी निष्ठा
शौर्य पराक्रम दिखाएँ चलो!
चलो-चलो रे···

राज्य हिंदवी है ये महती
सुरक्षित माँ-बहनें रहतीं,
यवनों की अब खत्म है शक्ति
स्वजनों को संग लेकर चलो।
चलो-चलो रे···

कुतुबशाह से मैत्री जोड़ो,
निजाम को जीता ना छोड़ो,
आदिलशाह को तोड़ के पूरा
शिवशाही के गुण गाएँ चलो।
चलो-चलो रे···

स्वराज्य का ये भगवा पटका
प्रतीक बनता है त्याग का,
समर्थ स्वामी का है कहना
निष्क्रियता को त्याग चलो।
चलो–चलो रे···

राजा अपना शूर सैनिक
बलाढ्‌य शत्रु आए अनेक,
जीत सके न कोई एक भी
विजय गीत ये गाएँ चलो!
चलो–चलो रे···

राजा अपना लोकनायक
हिंदू धर्म का है प्रतिपालक,
पुत्र समान वो माने प्रजा को
महिमा उनकी गाएँ चलो!
चलो–चलो रे···

❑

संदर्भ ग्रंथ

1. राजा शिवछत्रपति—श्री बाबासाहेब पुरंदरे
2. श्रीमान योगी—श्री रणजीत देसाई
3. छत्रपति शिवराय—कवि यशवंत
4. छत्रपति शिवाजी महाराज—विद्यावाचस्पति शंकर अभ्यंकर के व्याख्यान
5. अशी होती शिवशाही—अ.वा. कुलकर्णी
6. हिंदू विजय-युग प्रवर्तक—हो.व. शेषाद्रि
7. शिवाजी व सूरज—अनिल माधव दवे

❑❑❑